Dezember 1989

Emil Dominik

Quer durch und ringsum Berlin

Eine Fahrt
auf der Berliner Stadt- und Ringbahn

arani

CIP-Kurztitelaufnahme der Deutschen Bibliothek
Dominik, Emil:
Quer durch und ringsum Berlin : e. Fahrt auf d. Berliner Stadt- u. Ringbahn / Emil Dominik. – Nachdr. d. Ausg. Berlin, Paetel, 1883. – Berlin : arani, 1988

ISBN 3-7605-8601-5

Reprint der Originalausgabe 1883 nach dem Exemplar der Berliner Stadtbibliothek

Zentralantiquariat der DDR
ZA-Reprint, Leipzig 1988

ISBN 3-7463-0095-9

Ausgabe für

arani-Reprint

ISBN 3-7605-8601-5

Druck: (52) Nationales Druckhaus, Betrieb der VOB National, Berlin 1055
Printed in the German Democratic Republic
Ag 509/42/1987/0021

Eine Fahrt

auf der

Berliner Stadt- und Ringbahn.

Quer durch und ringsum Berlin.

Eine Fahrt
auf der Berliner Stadt- und Ringbahn.

Etwas Geschichte und viel Geschichten

von

Emil Dominik.

Mit 28 Illustrationen von H. Lüders u. A.

Berlin.

Verlag von Gebrüder Paetel.

1883.

Inhalts-Verzeichniß.

Erstes Kapitel.

Etwas Stadtbahngeschichte. — Gräfin Lichtenau, Madame du Titre und die Charlottenburger Schloßkarpfen. — Westend vor 75 Jahren und das von heute. — Die Luftdroschke. — Witzlebenpark und Charlottenburger Bahnhof.

Stadtbahn-Enthusiasten theilen die Bevölkerung dieser Erde in solche ein, welche mit der „Berliner Stadtbahn" gefahren und in diejenigen, welche dieses Vergnügens noch nicht theilhaftig geworden sind; und wiederum Andere haben die Meinung ausgesprochen, daß die Reichshauptstadt das gewaltige Werk einige Jahrzehnte zu früh erhalten habe, daß der Berliner Verkehr bei all seinem rapiden Wachsthum während der letztvergangenen fünfzehn Jahre doch noch nicht bedeutend genug sei, um eines so großartigen Verkehrsmittels zu bedürfen.

Die Wahrheit — wie allüberall — möchte auch hier in der Mitte liegen. Der „Triumph der Technik, der Stolz der Reichshauptstadt," wie der Eisenbahnminister Maybach einmal die Stadtbahn nannte, hat in Deutschland wie im Auslande die vollste Anerkennung gefunden. Die flotte Weltstadt an der Seine baut jetzt, weil sie sich von der deutschen Centrale nicht überflügeln lassen will, eine Stadtbahn, welche den Namen »chemin de fer métropolitain« führen und sich netzartig über ganz Paris ausbreiten soll; und auch die schöne Kaiserstadt an der Donau hat den Bau einer „Wiener Stadtbahn" concessionirt, und all das hat, kann man mit Heinrich Heine sagen,

„das hat mit ihrer Eröffnung
die Berliner Stadtbahn gethan."

Londons unterirdische, schmutzige, feuchte Stadtbahnen eiferten nicht sonderlich zur Nachfolge an; jetzt aber, nach Eröffnung der luftigen, höchst sauberen und geschmackvoll ausgeführten „Berlinerin“ regt sich's allerorten, sei es mit Elektricität, mit Dampf oder mit condensirter Luft betriebene und über die Dächer weg geführte Bahnen zu bauen.

Das Projekt der Berliner Bahn rührt von dem tüchtigen Baumeister Orth her, der vor zwölf Jahren in einer Broschüre „Berliner Centralbahn“ den Bau anregte. Oberbaurath Hartwich nahm das Orth'sche Projekt auf, modificirte dasselbe und führte es in's Leben. Es thut dem Verdienst der ersten Bauunternehmer keinen Abbruch, daß die Gesellschaft, welche den Bau begann, nicht in der Lage war, denselben bis zum Ende durchzuführen, und daß der besser ausgerüstete Staat den Weiterbau übernehmen mußte. Orth, Hartwich und Dircksen verdanken wir das kolossale Werk, welches 65 Millionen Mark kostete — sechs Millionen Mark pro Kilometer, während die Londoner unterirdische Bahn 14 Millionen Mark für dieselbe Strecke verschlang —, und das am 1. Juli 1882 für den lokalen Verkehr wie externen Verkehr fertig gestellt wurde. Der Betrieb der Berliner Stadtbahn — das muß rückhaltlos anerkannt werden — wird von dem Eisenbahndirektor Wex und seinem gesammten Stabe musterhaft verwaltet. Wenngleich aber sieben- bis achtmalhunderttausend Personen im Monat die Stadtbahn benutzten, war eine einigermaßen ins Gewicht fallende Verzinsung des Anlagekapitals im ersten Jahre nicht zu erzielen. Doch ist alle Hoffnung vorhanden, daß dies in der Folge geschehen wird. „Wer's Recht hat und Geduld“ sagt Göthe — „für den kommt auch die Zeit“, und immer wird der alte Satz sich bewahrheiten, daß jede Erleichterung des Verkehrsbedürfnisses den Verkehr selbst in ungeahnter Weise steigert.

Dringend nothwendig möchte es sein, daß ein weiterer Ausbau der Stadtbahn so bald wie möglich erfolge, daß auch der Süden und Südwesten wie der Norden Berlins Anschluß an die jetzige Strecke erhalte. Dieser Schritt wird ernsthaft in Erwägung gezogen. Der Erbauer der Stadtbahn selbst, Herr Geheimrath Dircksen, hat in einem Vortrage ausführlich dargelegt, wie er sich den weiteren Bau von „Berliner Hochbahnen“ denke; und eine für die Erwerbung des Schinkelpreises ausgeschriebene Concurrenz behandelt ein Hochbahnprojekt „Spittelmarkt-Schöneberg“ und „Hallesches Thor-Oranienburger Thor.“ —

Eine Fahrt mit der Berliner Stadt- und Ringbahn zählt nun zu dem Interessantesten, was die deutsche Reichshauptstadt zu bieten hat. „In Berlin gewesen und mit der Stadtbahn nicht gefahren sein“ ist eine ebenso große Versündigung an den heiligen Vorschriften Bädekers, als „in Rom gewesen und den Papst nicht gesehen haben.“ Vormals lernte der Berlin besuchende Fremde nur das kleine Stück kennen, welches sich in einem engen Kreise um die „Kranzlerecke dreht, jetzt sieht er in wenigen Stunden auf einer Stadt- und Ringbahnfahrt die ganze Weltstadt, den vornehmen Westen, wie das internationale Centrum, die Industriestadt im Norden und Osten wie die ganze hübsche Umgebung Berlins.

Was wir auf einer solchen Fahrt von der aufblühenden deutschen Kaiserstadt schauen, ein wenig Geschichte über alle die im Gesichtskreise liegenden Oertlichkeiten und eine Menge daran geknüpfter Geschichten enthalten die nachfolgenden Blätter, die mein Freund Lüders mit Illustrationen versehen hat. Mögen die Aufzeichnungen freundliche Aufnahme finden.

* * *

An einem frühlingswarmen Nachmittage machten wir uns auf die Reise nach dem Stadtbahnhofe „Westend“. Von hier aus sollte die Fahrt durch die Stadt nach dem Schlesischen Bahnhofe und dann im weiten Kreise um ganz Berlin mit der Ringbahn erfolgen.

Wir fuhren vom „Brandenburger Thore“ mit der Pferdebahn nach dem freundnachbarlichen Charlottenburg, und in dieser bald zweihundert Jahre alten Stadt durch die „Berliner Straße“ welche „geboren wurde am 9. Juli 1708.“

Wir huschten vorbei an dem alten Palais der schönen Gräfin Lichtenau, an dem jetzigen „Floraetablissement“ und dann weiter an dem Hause Nr. 54, das einst der Madame du Titre gehörte, der bekannten spaßhaften Freundin Friedrich Wilhelms III.

Am 18. März 1789 war's, da weihte man das Sommerpalais der „gnädigen Frau", das alte Eckardt'sche Palais mit einer schwülstigen Rede auf die „verehrungswürdige Baufrau, Madame Rietz" die nachmalige Gräfin Lichtenau ein, und am Schlusse der Baufeier sang man das folgende Lied:

Er breite über dieses
Die Flügel seiner Allmacht aus!
Er schütze es mit starker Hand
Für Unglücksfälle, Sturm und Brand
Gott Zebaoth, du wirst den Wunsch erhören,
Und dafür wollen wir stets deinen Namen ehren!

Wenige Jahre darauf saß die „Gnädige Frau" auf der Festung Glogau, wohin sie Friedrich Wilhelm, der Gerechte, gesendet hatte. —

Madame du Titre wohnte im Winter in ihrem Berliner Hause Poststraße 26 und im Sommer in ihrer Charlottenburger Besitzung in der Berlinerstraße Nr. 54.

Sie hatte zwei Töchter, von denen eine an den Banquier Beneke von Gröditzberg nnd die andere an Herrn Beyrich verheirathet war, und war selber eine geborene „Mademoiselle George".

Als Herr Dutitre um Mamsell George anhalten wollte, fand er sie in der Küche beim Petersilienhacken, denn es sollte „Grünfisch" zu Mittag geben. „Mamsellken, möchten Sie denn auch einst in meiner Küche jrine Petersilie hacken?" lautete seine Bräutigamsfrage, und mit einem freudigen „Ja" antwortete Mamsell George.

„Das F. O. R. thuts nicht," behauptete Madame Dutitre immer, „aber das l'argent." Und ihrem alten Hausarzte Heim ersparte sie das Treppensteigen damit, daß sie ihm aus ihrem Fenster die Zunge zeigte, um ihn zu beruhigen, daß sie immer noch wohl nnd munter sei. Und ihren König begrüßte sie stets mit: „Ju'n Morjen Seine Majestät, König Friedrich Wilhelm der Dritte!"

Sie hatte auch ein Gesellschaftsfräulein, zu deren Obliegenheiten es gehörte, daß sie der Gebieterin *niemals widersprechen* durfte. Einst fuhren beide Damen an einem windigen Tage im offenen Wagen nach Charlottenburg. Madame D., schön geputzt,

Blick auf Charlottenburg. Gez. von H. Lüders.

trug einen mit drei *Maraboutfedern* gezierten Hut. Sehr bald entführte der Wind eine derselben, und die Eigenthümerin, die etwas weißes in der Luft flattern sah, fragte: „Mamsellken, war det nich eine Taube?" Antwort: „Ja wohl, Madame Dutitre!"

Nach einigen Minuten entführte Zephyros die zweite Feder: „Mamsellken, war det nich en Stikken Papier?“ „Ja wohl, Madame Dutitre!“ Als nun gleich darauf auch die dritte Feder sich empfahl, wurde die Sache verdächtig. „Herr Jees, Mamsellken, war det nich en Marampuff?“ „Ja wohl, Madame Dutitre, es war der letzte!“ —

Und endlich, als ihr Mann sterben wollte, wünschte er seine Frau noch einmal zu sprechen. Die Aerzte theilten Madame D. diesen Wunsch ihres Mannes mit. Sie aber weigerte sich, ins Krankenzimmer zu gehen und erst auf ernstes Zureden des „alten Heim“ entschloß sie sich hierzu. Sie ging aber nur bis zur Thür, öffnete dieselbe etwas und rief dann ihrem Manne zu: „Jott Vater, wat soll denn das! du weest doch, ick kann keene Dodten nich sehen!“

So viel von Madame Dutitre, an die wir erinnert wurden, als unser Gefährt vor ihrem Charlottenburger Hause — vorüberschlich.

Auch von den Karpfen im Charlottenburger Schloßgarten plauderten wir etwas, von den „Mooskarpfen“, die König Friedrich Wilhelm I. hier 1715 eingesetzt hatte, und die auf ein gegebenes Zeichen mit der Glocke an der sogenannten „Klingelbrücke“ gravitätisch und stets hungrig an der Oberfläche erschienen, um die ihnen gespendeten Brosamen zu verschlingen. Der harte Winter von 1864 ließ bekanntlich auch diese alten Veteranen — 36 an der Zahl, und keiner von ihnen war unter vier Fuß lang — erfrieren. Sie wurden am Uferrande eingescharrt.

„Hören Sie mal, lieber Historienschreiber,“ sagte mein Freund Lüders, „das ist eine traurige Geschichte, die mir Hunger gemacht hat. Ich schlage Ihnen vor, bevor wir uns auf die Stadtbahnfahrt begeben, essen wir etwas in Westend bei Moritz, damit es uns nicht ergehe wie den Abgeordneten, welche Excellenz Maybach durch eine Stadtbahn=Bußfahrt fast getödtet haben soll, und die doch alle neuen Bahnerwerbungen für den Staat ohne Redensarten acceptirt hatten. Ich rathe zu Karpfen in Bier, aber keine seligen Schloßgartenkarpfen.“

Und so geschah's. Wir pilgerten den Berg hinan, dessen

Seiten die Siemens'schen Stangen für seine nun doch endlich geglückte „Elektrische Bahn" nach dem Spandauer Bock zieren, und an dessen Fuße der etwas primitive „**Bahnhof Westend**" liegt, welcher die Unzahl Geleisebüschel, die von hier aus nach Nord und Süd, nach Hundekehle, Wilmersdorf und Berlin, nach der Hamburger-, Lehrter- und Nordringbahn auslaufen, zusammengefaßt hat.

Vom Aussichtsthurm in „Westend" überschauen wir das Gestränge, erblicken wir die zahllosen Züge, die von Spandau und dem Charlottenburger Schloßgarten her, die auf der Nordhauser Bahn und von Wilmersdorf heransurren. Und von hier aus sahen wir auch die „elektrische Bahn" den Berg herauf kommen.

„Wie ich glaube, lieber Lüders, hat diese elektrische Kraft, die hier auf dem alten „Versuchsfelde für alle möglichen Berliner Gefährte" auf das Transportieren von Pferdebahnwagen hin geprobt wird, doch alle Zukunft für sich. Seit die „transportable Elektricität" erfunden ist, welche alle bis dahin unbenutzt gebliebenen Naturkräfte, wie Wasserfälle, Ebbe und Fluth, Stromläufe und Winde an den Quellen auffängt, und seitdem diese in Elektricität umgewandelte Kraft im Kleinhandel wie jetzt die Mineralwässer, „auf Flaschen gezogen" nach allen Himmelsgegenden versendet werden kann, seit Camille A. Faure's Entdeckung ist die Konstruktion der „Luftdroschke„ nur noch eine Frage der Zeit."

„Trotz der verunglückten jüngsten Versuche in der Flora?"

„Trotz alledem. Der Wunsch des Menschen, sich gleich dem Vogel in die Lüfte zu erheben und sich ungehindert über Wasser und Berge fortbewegen zu können, wird alle Schwierigkeiten überwinden, seitdem wir in der „transportablen Elektricität" die benöthigte Kraft entdeckt haben. Wir erleben's vielleicht Beide noch, daß unsere Hausmädchen oder — wenn unser Stadtbahnreisebuch 50 000 Abnehmer gefunden — unser Kammerdiener meldet: Herr Meyer hängt mit einer Luftdroschke erster Klasse am Balkon, „soll er rein?"

„Eine schöne, neue Einrichtung."

„Vor 180 Jahren fuhr Königin Charlotte mit der „Treckschuyte" nach ihrem Lieblingsschloß, das nun Charlottenburg heißt, und das vor uns liegt. Eine verdeckte Gondel oder Schute, die von Pferden auf einem Leinpfade am Spreeufer gezogen oder „getreckt" wurde, vermittelte den Verkehr. Ja es war sogar, um das Poetische mit dem Angenehmen einer solchen Fahrt zu verbinden, ein Gondolier aus Venedig verschrieben worden, welcher seine italienischen Canzonen ertönen ließ. Und vor 100 Jahren fuhr man mit Karossen, Chaisen und Karreten, zu Anfang unseres Jahrhunderts mit der „Warschauer Droschke", dann mit den „Kremser'schen Thorwagen", mit dem „Omnibus", mit den „Amerikanischen Pferdebahnwagen" nach Charlottenburg und nun mit der „Stadtbahn". Der Weg von der „Treckschuyte" zur „Siemens'schen elektrischen Bahn" ist nicht weiter wie der von der letzteren bis zur „elektrisch bewegten Luftdroschke".

„Meinen Sie? aber nun wollen wir zum „Bahnhof Westend" gehen und uns bei dem Billetmädel zwei Stadtbahnbillets kaufen." Und so geschah's.

Vom Bahnhofe „Westend" schauen wir hügelaufwärts das freundliche „Westend," mit dessen Aufbau man im Jahre 1867 den Anfang gemacht hatte. Der Plan wurde bekanntlich von dem Fabrikbesitzer Albert Werkmeister gefaßt, welcher mit dem Banquier Eichborn, dem Commerzienrath H. Quistorp in Stettin und dem Generallotteriedirektor Tuchen eine Bau-Gesellschaft gegründet hatte. Die Grundstücke auf dem „Spandauer Berg," welche man für die neue Niederlassung ausersehen hatte, gehörten zum Theil Ackerbürgern Charlottenburgs, und man bezahlte 3—800 Thaler für den Morgen. Ein großer Theil, das sogenannte „Robertgut," dessen Wirthschaftsgebäude heute noch stehen, gehörte dem Hoftischler Arnold in Berlin.

Das Unternehmen scheiterte an der Ungunst der Zeitumstände und dem Mangel genügender Mittel. Die Gesellschaft mußte sich bereits im April 1868 wieder auflösen. Aber in richtiger Erkenntniß der gesunden Grundlage eines solchen Unternehmens wurde schon im Juli 1868 eine neue Gesellschaft durch H. Quistorp und F. Scheibler auf der Basis der alten in's Leben gerufen. Westend nahm nun einen schnellen Aufschwung.

Wege wurden geebnet und gepflanzt, Wasserwerke errichtet, der prächtige Wasserthurm „Germania" begonnen, eine eigene Chaussee nach dem „Teufelssee," dessen reines, gesundes Wasser man benutzte, gebaut — da kam das Jahr 1873 und mit ihm der Krach von Westend.

Bis 1878 ruhte die Bauthätigkeit gänzlich, dann aber begann sich die Baulust wieder zu regen. Bald werden 100 Villen in „Westend" stehen mit einer Bevölkerung von 1000 Seelen; und seit der Eröffnung des Stadt-Bahnhofs „Westend" dürfte diese am gesundesten gelegene Berliner Villenkolonie einen noch erheblicheren Aufschwung erleben.

Als unser Zug sich vom Bahnhofe „Westend" in Bewegung setzte, und der „Spandauer Berg" mit den freundlich im Sonnenlicht daliegenden Villen langsam vorbeizog, da dachte ich an ein anderes Bild, das eben dieser Berg vor 75 Jahren den Berlinern dargeboten hat.

Es war am 11. August 1808, und der Geburtstag des Marschalls von Frankreich, des Herzogs von Belluno, den man zwei Jahre vorher in Arnswalde gefangen genommen hatte und der an diesem Tage Gouverneur von Berlin war, wurde von den französischen Truppen gefeiert, welche auf dem „Spandauer Berge" ihr Lager aufgeschlagen hatten.

Auf dem grausandigen Plateau des Berges blitzten die Bajonnette der französischen Feldwachen, von der Augustsonne beleuchtet. Eine Linie von Strauchhütten, der Aufenthalt der äußersten Wachen, zog sich nach Norden und Süden hin. Auf dem höchsten Punkte stand die Wagenburg des Lagers und der Artilleriepark von Wachen beschirmt. Kanonenmündungen gähnten herüber, Munitionskarren hinter den Todesmaschinen.

Höher gebaute Hütten bezeichneten die zweite Wachtlinie, in deren Mitte sich „das neue Ballhaus" erhob. Dahinter lag die regelmäßige, militärische Stadt mit ihren weitreichenden Linien von kleinen weißen, graugedeckten Hütten.

In der Mitte der Front erhob sich ein hoher Baum, dem Schiffsmaste gleich. Von seinem Wipfel wehte, den goldenen Adler tragend, die dreifarbige Fahne in Form eines Wimpels. Weiter herab machte eine Strauchbekleidung den Baum zum Thurme, an dessen unterer Hälfte man zwischen Königsattributen den Namen des Lagers „Napoleonsburg“ erblickte.

Drüben, etwa 400 Schritte hinter dem Lager, da, wo sich der Grunewald einem Amphitheater gleich ausdehnt, erblickte man noch den Anhang, die Zelte und Hütten von mancherlei Gestalt und Materie, von Leinwand, Holz und Strauchwerk für Restaurants, Offiziereequipagen und Marketender.

Dort aber, wo die Wagen der Hauptstädter, und weiterhin, am Eingange des Waldes, wo die Landleute mit ihrem Zugvieh für den Dienst des Lagers hielten, dort war der Markt der Industrie, dort standen die Tempel der Genüsse, der mancherlei Freuden. Lärmende Musik lockte hinüber.

Ein buntes Schauspiel zeigt sich. Die elegante Welt Berlins rastet hier von den Fatiguen der kleinen Reise und des Lustwandelns und feiert das Finale derselben durch Libationen von Limonade, Wein, Thee und Bier. Hetären der Residenz unterhalten sich keck mit den fremden Offizieren, und lachen und trinken.

Da erhebt sich die Lagermusik, die Truppen marschiren zum Ballhaus. Eine Equipage rollt von Charlottenburg her, Reiter folgen. Der Marschall Herzog von Belluno ist's und sein Stab. Das Lager feiert den Geburtstag des Höchstkommandirenden.

Lange noch schallt die Ballmusik vom Berge herunter, bis ihre Klänge im „Quivive“ der anrufenden Feldwachen verhallen und im Rasseln der nach Berlin zu dahinfliegenden Equipagen. — „Westend“ zieht vorüber.

Wir sausen am „Charlottenburger Friedhofe“ vorüber, der uns sein ernstes feierliches „Memento mori“ zuruft.

Unser Zug fährt südwärts am Charlottenburger Schützenhause und am Exercierplatz der Gardes du Corps vorbei; da, an der Wendung der Bahn nach Osten, blitzt uns ein freundlicher Waldsee entgegen, der Lietzensee; an seinen Ufern liegt der „Witzlebenpark“.

„Kennen Sie die Geschichte von „Park Witzleben?“

„Ein weniges, das ich vom „Scharfenberger“ erfahren habe, hier ist es:“

Park Witzleben.

„Ein Kusselngeplänkel der großen Haide, sich am bebuschten Abhange zum Litzensee niedersenkend, ein Bruchstück des Grunewalds in die Charlottenburger Feldmark eingreifend und schon dieser angehörig,“ so wäre vielleicht die Lage der in Rede stehenden Oertlichkeit noch für die zwei ersten Decennien unseres Jahrhunderts am füglichsten zu bezeichnen gewesen. Die Lieblichkeit der Stätte jedoch an der Forstlisière, längs den Mäandern eines reizend geschwungenen Wasserbeckens war zu stark ausgesprochen, als daß sie, zumal in solcher Nachbarschaft, unbeachtet hätte bleiben dürfen. Erst Plantagegelüste, dann größere Anpflanzungen scheinen einer endgültigen Ansiedelung vorangegangen zu sein; ihr erster Beginn geht wohl bestimmt nicht über die zwanziger Jahre hinaus.

Etwa anno 29 zeigen mir meine sehr frühen Reminiscenzen — ich bildete damals einen integrirenden Theil der löblichen Charlottenburger Schuljugend unter Kantor Liebetrut und Conrektor Schoene — dort schon gepflanzte, wenn auch wenig gepflegte Gebüsche und aufstrebende Parkbäume. Das Ganze allerdings wild, sehr ungehütet, voller Vogelnester und ein ganz freier Tummelplatz für Knabenspiele. Wenn man da sich umherjagte, begegnete einem, öfter zu Pferde als zu Fuß, die imponirende Gestalt einer Militärperson, welche man je nach der Stimmung grüßte oder vor der man davonrannte. Die Kameraden flüsterten sich dann zu: das ist der General Witzleben, der hier pflanzen läßt.

Daher der schon damals gebräuchliche Name: Witzlebensche Anlagen. Weiter hinten lag das Haus des alten Försters Schimmerich, bei dem der eigentliche Grunewald begann, dessen Ende so weit war, daß keiner von uns Jungen es je mit Augen gesehen hatte.

Auf obige Indicien gründe ich die Urheberschaft der ersten,

die freie und glückselige Wildniß noch nicht sehr beeinträchtigenden Kulturversuche am Lietzensee, welche von Anfang an das Gepräge des ungezwungenen landschaftlichen Styles trugen. Das steht fest, ein General von Witzleben ist der Begründer derselben gewesen; ob identisch mit dem bekannten Kriegsminister gleichen Namens unter Friedrich Wilhelm III., bleibe dahingestellt. Aber er war der Genius loci und hat dem Platze, sei es aktiv, sei es passiv, die Benennung verliehen. Die spätere Einrichtung eines eigentlichen Gartens und Parks ist dem Naturforscher Deppe zuzuschreiben, der amerikamüde in seine Heimath zurückkehrte und sich mit dem Unabhängigkeitssinn, den man von weiten Reisen mitzubringen pflegt, hier anbaute. Er war besonders lange in Mexiko gewesen und hatte sich um die Flora dieses Landes Verdienste erworben. Jetzt ward er, um leben zu können, Handelsgärtner. Unter seinen Händen begrünte sich der Distrikt mit exotischem Baumwuchs. Derselbe blieb stets dem Publikum geöffnet und war die vierziger und fünfziger Jahre hindurch, namentlich zur Epoche der Rosenblüthe, eine äußerst beliebte Promenade für die Berliner.

Denn der Rosenfülle von Witzleben war damals nur diejenige der Pfaueninsel ebenbürtig.

Auf Herrn Deppe folgte im Besitz, nach des ersteren Tode, der Holzhändler Herr Schönemann, der ebenfalls viel und erfolgreich pflanzte, mehr aber noch baute und dem Ganzen den Charakter einer eleganten Villa im besten italienischen Sinne des Wortes verlieh. Auch unter seinem Regiment war dem Publikum der Eintritt nie versagt. Die Grenzen des langgedehnten Terrains waren indeß schwer zu hüten. Von jeher sind die Faune Flora's Feinde gewesen und haben sich Eingriffe auf ihr Gebiet erlaubt. So ward denn auch hier vielfacher Schabernack von Seiten des Charlottenburger Proletariats verübt, der dem Eigenthümer unendlichen Verdruß bereitete. Man stahl und schlachtete ihm zahme Rehe, man vergriff sich an den Anlagen und dergleichen mehr, Fatalitäten, die schließlich zu einer Besitzveränderung geführt haben, deren weitere Wandlungen in uns zunächst liegender Zeit hier nicht verfolgt werden sollen.

Also vier Perioden in der Geschichte dieses Gartens, von der Prähistorie abgesehen, die von Erschaffung der Welt bis etwa 1825 gereicht haben mag. Erste Anlage und militairischer coup d'oeil unter General von Witzleben. Höchste gärtnerische und botanische Blüthe unter Deppe. Hervorragendster Comfort und Pflege alles Schönen unter Schönemann. Dann Jahre des Verfalls, ja Gefahr der Parcellirung, bis jetzt wahrscheinlich eine neue Periode der Prosperität anzubrechen verspricht.

Jedenfalls ist es eine bonne fortune für Berlins Umgebung, diesen beneidenswerthen Erdwinkel nun unzerstückelt in einer kraftvollen und an Mitteln reichen Hand zu wissen.

Es ist nicht meine Aufgabe, hier Witzleben zu schildern. Das jedoch will ich aussprechen: einer seiner Hauptreize liegt für mich in dem freien und ungekünstelten Uebergange des gepflegten Parks zu dem Wiesen- und Moorcharakter des meist schwer zugänglichen Seeufers. Wo die Wohnhäuser stehen, ist die Erdbildung eine sehr coupirte, an einigen Stellen zu nicht unbedeutender Höhe sich erhebend und weite Umschau gewährend. Man gewahrt Qualm und Lichterglanz des am Horizonte lagernden Spreebabels und empfindet darum den Reiz der Einsamkeit um so anmuthender. Diese Vorzüge sind vollkommen genügend, die Schmalheit des Landstreifens Witzlebens vergessen zu machen, wie wir desselben bestehenden lokalen Uebelstands in dem so schönen und erinnerungsreichen Tegeler Park ja kaum gedenken.

Witzleben bildet eine wahre Oase im Sandlande, die um einen vielfach geschlängelten See sich lagert. Der Wuchs und die strotzende Gesundheit seiner Laubbäume und Coniferen legen Zeugniß ab von der üppigen Triebkraft des Bodens. Die Vegetation steht hier im Begriff, sich zu einer Mächtigkeit zu entwickeln, welche nur sehr lange Zeit und gleiche Ungestörtheit ermöglichen können. Der Verlauf der Jahre mag sie noch pittoresker gestalten; zu größerer Frische und Kraft sie emporzuheben, wird selbst einem so gewaltigen Agens schwer fallen.

Besonders stattlich und schön geworden sind in Witzleben die Pyramideneichen, hier mit Vorliebe gleich nach ihrer ersten Einbürgerung bei uns gepflanzt; dann Lärchen und Platanen; vor

Allem aber unter dem Nadelholz die zahlreichen und prächtigen Exemplare des canadischen Lebensbaumes (Thuya occidentalis). Ein mächtiger Stamm des sogenannten böhmischen Oelbaums (Elaeagnus angustifolia) tupft, an die zarten Tinten der Olivenhaine des Südens mahnend, eine matt silbergraue Laubmasse zwischen gesättigteres Grün hinein. Nach dem See zu, den leider jetzt die früher auf ihm häufigen Lietzen oder Bleßhühner, die ihm den Namen gaben, auf immer verlassen zu haben scheinen, wachsen hübsche und für den Botaniker interessante Sumpfmoose.

Witzleben wird für den Berliner Pflanzenfreund nie aufhören eine klassische Stätte der Erinnerung zu sein. Manch schönes Gewächs hat von hier aus unter des alten Mexikaners Leitung seinen Weg in unsere Gärten gefunden. So vor allem das Geschlecht jener gefüllten Prairierosen, die er von jenseits des Oceans mitgebracht, hier vermehrt und weiteren Kreisen zugänglich gemacht hatte. Seiner und Witzlebens wollen wir gedenken, wenn wir Mauern und Gartenpfeiler in das üppige Gerank dieser herrlichen Kletterrosen gehüllt erblicken.

Eine fernere botanische Seltenheit, die sich in Witzleben und zwar freiwillig erzeugt hat, ist eine Varietät des Akazienbaumes mit gesättigt fleischfarbenem, statt wie gewöhnlich weißem Blüthenkolorit, deren erste Entdeckung wir dem Professor Kunth, deren Uebertragung in die Kulturen wir dem kürzlich verstorbenen Garteninspector Carl Bouché schulden.

Soviel über Park Witzleben.

Weiter saust unser Zug und die Silhouette Charlottenburgs, von welchem wir bis dahin nur einzelne Theile erblickten, tritt in die Erscheinung. (Siehe unsere Illustration). Links der Westend-Wasserthurm — Quistorp's Ruh — das schöne Schloß und der „Charlottenbürger Thürm." Bei seinem Anblick summen wir:

„Auf dem Charlottenbürger Thürm,
Sitzt ein Würm,
Kommt ein Stürm,
Schmeißt das Würm
Vom Charlottenbürger Thürm."

Wir kennen den unvergeßlichen Dichter dieses Poëms nicht.

In diesem Augenblicke langen wir am „Bahnhof Charlottenburg“ an, und machen den ersten Halt. Es ist etwas „windig“ hier. Doch il faut prendre le temps comme il vient, les gens pour ce qu'ils sont, et l'argent pour ce qu'il vaut — sagt der Franzose, und wir sagen:

Nimm die Stadtbahnhöfe, wie sie sind und nicht wie sie sein sollten.

Zweites Kapitel.

Das Hopfenbruch und das Joachimsthalsche Gymnasium. — Die schöne freie Luft auf den Stadtbahnperrons. — Die Porzellanfabrik und Schloß Bellevue. — Das Moabiter Land. — Berliner Ausstellungen und wie aus einem hohen kurfürstlichen Weinberge der „Humboldthafen“ wurde. — Der „Sandkrug“ und die Charité. — Ankunft „beim Franziskaner“.

Der Auslug in die Märkische Landschaft ist von dem hochgelegenen „Charlottenburger Bahnhof“ entzückend. Wir schauen die Steglitzer Kirche mit dem nahegelegenen Berg, die Wilmersdorfer Kirche und die blauen Massen des Grunewalds. Auf der vor uns liegenden Ebene aber gut bepflanzte Wege und freundliche Villen, blumenbunte Wiesen und Aecker.

„Wo Sumpf und Lache einst gebrodelt,
Ist alles in Teppich umgemodelt,
Ein Riesenteppich, blumengeziert,
Eine Meile wohl im Geviert.“

Das ganze vor uns liegende Terrain, das westlich am Halensee beginnt und das am „Botanischen Garten“ endet, war, wie uns alte Karten lehren, vor 300 Jahren noch ein zusammenhängendes großes Luch, aus dem nur einzelne inselartige Erhöhungen aus dem Wasser emportauchten und hieß seit eben so langer Zeit — und vielleicht weit früher schon — das Hopfenbruch.

Noch heute existirt für einen kleinen Theil der Name und noch heute erinnern die torfmoorigen, nassen Wiesen in der Nähe des Joachimsthalischen Gymnasiums an den ehemaligen mächtigen Wasserbrei, der heute, in Folge von Grundwassersenkungen, Entwässerungen und Dammschüttungen auf einen kleinen Bruchtheil seiner ehemaligen Ausdehnung zusammengeschrumpft ist, und der nur in besonders nassen Frühjahren an die Oberfläche tritt und seine alte Herrschaft überschaut. Der hier beabsichtigte Bau eines großen Schiffahrtskanals zum Wannsee, der projektirte „Südwest-Kanal" würde auch den letzten Rest der alten Sumpfherrschaft vertilgen.

Ich sage, noch heute existirt der Jahrhunderte alte Name „Hopfenbruch" und „Hopfenkavel." Und der Name entstand daher, weil das Bruch am Hopfengarten lag.

An der Stelle nämlich, an der jetzt der „Botanische Garten" blüht und duftet, der im vorigen Jahrhundert der „Garten der Königl. Akademie der Wissenschaften" hieß, befand sich zwei Jahrhunderte lang seit Joachims I. Zeiten, also seit 1500 etwa, bis zum Jahre 1679 der „kurfürstliche Hopfengarten", in welchem der Hopfen für die damalige große kurfürstliche Brauerei zu Berlin gebaut wurde. Im Jahre 1679 schaffte der Kurfürst aus Gründen, die hier näher darzulegen nicht der Ort, die kurfürstliche Brauerei nebst dem Hopfengarten ab und benutzte das ehemalige Terrain des Hopfengartens zur Anlage eines Obst- und Küchengartens, für dessen Einrichtung er den damals berühmtesten Küchengärtner Michelmann aus Holland verschrieb.

Das Bruch, das am Hopfengarten lag, hieß das „Hopfengartenbruch" und später das „Hopfenbruch". Und das von Elsen eingehegte Terrain, welches der Schöneberger Feldmark angehört und ganz in der Nähe des botanischen Gartens gelegen ist, heißt heute noch die „Hopfenkavel" und ist offenbar ein Bruchstück jenes alten kurfürstlichen Hopfengartens, das außerhalb der Umfriedigung des Botanischen Gartens bestehen blieb. Diese Umfriedigung war ehedem ein tiefer Graben, der auf Veranlassung des Großen Kurfürsten gegraben und mit Fischen besetzt war.

Aber nicht nur der Name hat sich erhalten, noch heute leben die verwilderten Nachkommen aus Joachims Zeiten. Noch heute existiren in den naheliegenden Luchen, dem „Wilmersdorfer und Schöneberger Luche", die wilden Sprößlinge des kurfürstlichen Gartens, nämlich „wilder Hopfen".

An diesem „Hopfenbruche" nun befindet sich heute das Joachimsthal'sche Gymnasium", dessen schmucker Bau von der Stadtbahn aus sich besonders gut präsentirt, und wiederum bei Wiese und Wald, so etwa wie vor 270 Jahren am Grimnitzer Forste in Mitten des großen Werbellinwaldes.

Das Joachimsthal'sche Gymnasium, das zweitälteste Berlins, hat eine wenig freudenreiche Kindheit und eine unruhige Jugend verlebt und ein rüstiges Mannesalter zum Theil durchstrichen. Es hat seit 70 Jahren etwa aufgehört, ein kleiner Staat im großen zu sein, ist ein einfaches aber wohlgelittenes Glied der großen preußischen Schulfamilie geworden und hat sich, nachdem es in Alt-Berlin, wie alle älteren Hausbesitzer, zu großem Reichthum gekommen ist, in der Berliner Villengegend seit 1880 groß und prächtig niedergelassen.

In „einsamer Gegend" legte man im Jahre 1607 diese Fürstenschule an, „damit die Jugend ohne Zerstreuung sich ganz der Erlernung der Sprachen und Wissenschaften hingeben könne" und bestimmte, daß sie dort in Joachimsthal „so lange die Welt stehet, verbleiben möge". Die kleine Welt bestand dort aber nicht lange. Schon im Jahre 1636, in der Nacht vom 4. zum 5. Januar, mußten Lehrer und Schüler vor räuberischen sächsischen Soldaten nach Angermünde fliehen, die Fürstenschule selber aber wurde zerstört.

Die kleine abgerissene Joachimsthaler Schaar der Lehrer und Schüler wanderte von Angermünde nach Berlin, um hier, am Sitze der Regierung, Unterkunft und Wiederherstellung der Schule zu erbitten.

Man schlug als neuen Sitz Dambeck vor, und etablirte endlich nach vielen Mühen der Betheiligten die Schule 1649 in

Berlin. Anfangs im kurfürstlichen Schlosse, dann an der Ecke der Burg- und Königstraße und von 1688—1880 in der Heiligengeist- und Burgstraße.

Seit langem wurden die hier gelegenen Räume als zu klein befunden. Schon 1852 hatte man den Plan gefaßt, den einen Bestandtheil, das Alumnat, an einen Ort außerhalb Berlins zu bringen, und den anderen Theil, das Hospitengymnasium auf einen neuen Platz in den Umgebungen von Berlin zu verlegen. Zu dem Zwecke wurde einige Jahre darauf ein Haus nebst Garten Bellevuestraße 15 gekauft, aber nicht gebraucht, vielmehr für ein anderes, am 17. Mai 1858 begründetes Gymnasium (seit 22. März 1861 Wilhelmsgymnasium geheißen) verwendet.

Einstens, im Jahre 1607 war die Schule an der schönen Grimnitzforst begründet worden, „wo" — wie ein gleichzeitiger Bericht lautet — „Quellen, Gärten, Seen, wo Oreaden, Napeen, Hamadryaden die benachbarten Wälder zieren; wo die Luft freier, wo Rosenhecken und Veilchenpläne zwischen wogenden Saaten und nickenden Bäumen das Auge erfreuen; und wo eine mit lieblichen Düften geschwängerte Luft in das Hirn dringt und als linder Hauch erfrischt."

In ähnlicher Gegend, in der Nähe des herrlichen Grunewaldes, auf märkischer Ebene hat sich nun das Joachimsthal'sche Gymnasium, dessen Bau im Jahre 1876 begonnen wurde, ein neues, glänzendes Heim geschaffen. Am schönen Grunewald, von dem das Lied singt:

„Blaue Havel, Grunewald,
Grüß' und sag' ich käme bald,
Grüß' sie alle Beide
Und die Tegler Haide."

Wenn der Jüngling, der auf dieser ehemaligen Brandenburgischen „Fürstenschule" Weisheit und Tugend erlernen will, die „Pferde-Sekundärbahn" verläßt, die ihn vom Ausgang der Kurfürstenstraße zu dem heutigen Prachtbau geführt hat, so kann er mit Scherenberg zu Professor Dr. Schaper, dem vortrefflichen Leiter dieser großen Bildungsstätte sagen:

Seit zehn Menschenaltern schöpft man
Aus dem Meere dieser Weisheit;
Habt ihr keinen Tropfen, laßt mich
Wissen trinken, denn mich dürstet."

Soviel von dieser alten Brandenburgischen Bildungsstätte. —

Unsere Bahn, die bis dahin in der Richtung Ostsüdost lief, macht jetzt, gleich nach Ueberschreitung der Fasanenstraße, eine

Auf einem Stadtbahnperron.
Originalzeichnung von H. Lüders.

Wendung nach Nordnordost und vor uns zur rechten und linken liegen der „Zoologische Garten", die „Vereinigte Artillerie- und Ingenieurschule" und das „Polytechnikum."

Wir steigen aus. Auch hier ist es „windig", und das lustwandelnde Publikum schaut genau so aus, wie Meister Lüders dies gezeichnet hat.

„O säh ich auf der Stadtbahn dort
Im Sturme dich, im Sturme dich,
Mit meinem Mantel vor dem Sturm
Beschützt' ich dich, beschützt' ich dich!"

sagt vielleicht der Primaner des „Joachimsthal'schen," wenn er sieht wie seine Angebetete, die Selektanerin von der „Charlottenschule," sich den Gefahren einer Stadtbahnreise aussetzt.

Ich kann mir nicht helfen, ich muß es immer und immer wiederholen, ich finde den Bau der „Stadtbahnhöfe" vortrefflich, aber den Aufenthalt auf denselben abscheulich. Alles haben die Herrn Architekten berechnet, nur dies nicht, daß in diesen Bahnhallen außer Eisentheilen und Rathenowe'r Steinen auch noch warmblütige Menschenkinder sich aufhalten sollen.

Das Warten in diesen Zuglöchern ist im Frühjahr und Herbst und besonders im Winter gefährlich. Ich spreche freilich hier nur meine persönliche Meinung aus,

„drum hoff' ich, dies nimmt Keiner krumm,
denn Einer ist kein Publikum".

Große aus Glas und Eisen gebaute Wartehallen mit guten Restaurants sind dringend nöthig. --

Nach Südosten zu überschauen wir den prächtigen „Zoologischen Garten" mit seinen interessant wirkenden Gebäuden für Elephanten, Giraffen und anderen Thieren, die ehemalige „Fasanerie".

Die von Friedrich dem Großen an dieser Stelle begründete „Fasanerie" mit dem ersten Fasanenmeister Sprewitz datirt vom 6. Jannar 1742, die Begründung eines „Zoologischen Gartens" durch Professor Lichtenstein vom 8. September 1841 und die Eröffnung vom August 1844. Bald nach dem Regierungsantritt Friedrich Wilhelms IV. hatte dieser berühmte Naturforscher, welchem späterhin im Garten selbst ein Denkmal errichtet worden ist, den Gedanken angeregt, der besonders lebhaft von Alexander von Humboldt und vom Gartendirektor Lenné beim Könige unterstützt wurde.

Die überaus wichtige Reorganisation des Gartens geschah zu Anfang der siebziger Jahre. Heinrich Bodinus im Zusammenwirken mit Major Duncker, Banquier Jacques und anderen hervorragenden Männern hat hier ein Institut geschaffen, das zu den hervorragendsten Sehenswürdigkeiten Berlins gehört und das wohl jeder unserer Leser aus eigener Anschauung kennt. —

Nach Nordwest zu blicken uns die Prachtbauten des Polytechnikum und der Artillerieschule sowie die Anlagen

Schleuse beim Hippodrom. Originalzeichnung von D. Bendheim.

des Hyppodrom und die prächtige „Kurfürstenallee" freundlichst an.

Diese letztere herrliche Lindenallee ist wohl 150 Jahre und mehr alt. Schon auf einer Karte von 1786 ist sie vermerkt und sie ist vielleicht bei Begründung der „Fasanerie" 1741 angelegt worden. Oder können die Bäume noch älter sein und von 1708 stammen? Kann das ein Baumverständiger jetzt noch sagen? Die Straße wäre dann zugleich mit der Charlottenburger „Berliner Straße" angelegt worden.

Auch die Verbindung des Thiergartens, dessen Ausläufer der Zoologische Garten ist, mit dem Grunewald, den „Kurfürstendamm" überschauen wir. Vormals hieß diese Allee „Pappel-Allee", und an diesen Namen erinnern noch heute eine Reihe Pappeln am Beginn der Straße in der Nähe des Kanals.

Seit Eröffnung der Stadtbahn dürfte das große Thiergartenterrain, das zwischen Canal und Kurfürstenallee und zwischen „Polytechnikum und Zoologischen Garten" liegt, insbesonders der (wohl auf Anregung Schinkels angelegte) Hippodromtheil, der jetzt einen recht wüsten Eindruck macht, für unsere großen Staatsbauten benutzt werden. Werthvolleres Terrain in so großem Umfange und mit so prächtigem Baumwuchs versehen, ist kaum anderwärts zu finden.

Der Prachtbau des „Polytechnikum" schaut uns an, ein Meisterwerk des verstorbenen Hitzig.

Links im Vordergrunde liegt der Neubau der vereinigten Artillerie- und Ingenieurschule, der 1876 bezogen wurde. Die Schule selbst war 1816 begründet worden, und zwar an Stelle des ehemaligen „Pontonhofs" in dem Schinkelschen Bau, Unter den Linden 74, welcher jetzt der „Kriegsakademie" eingeräumt ist.

Wir besteigen wieder unseren Zug und fahren am „Wasserthurm" und an den „Wasserhebewerken" vorbei, überschreiten an der „unteren Schleuse" den Schiffahrtskanal, wie dies auf der vorigen Seite abkonterfeit ist, die Berliner Chaussee (und zwar an einer Stelle, die „über den Puppen", d. h. jenseits des „Großen Stern" liegt) und schauen linker Hand, nach Nordwest zu, die Gebäude der „Berliner Porzellanmanufaktur."

Dieses jetzt von Professor Sußmann-Hellborn geleitete Institut hat zum Begründer den berühmten Berliner Kaufmann

Gotzkowsky und befindet sich seit 1763 in Händen des Preußischen Staates.

Bekanntlich hatte schon 1751 der Kaufmann Wilh. K. Wegeli angefangen, in seinem Hause, an der Ecke der Neuen Friedrichs- und Königstraße echtes Porzellan zu machen, und Nicolai versichert als Augenzeuge, daß es ziemlich gut gewesen sei. Die Meißenschen Porzellane, die gegenwärtig eine so vortreffliche Niederlage in der Leipzigerstraße haben, machten aber dem Unternehmen zu arge Concurrenz, und darum gab Wegeli nach einigen Jahren sein Werk wieder auf.

Vom Jahre 1760 ab trat an seine Stelle der erwähnte Kaufmann J. E. Gotzkowsky, der einem sogenannten Künstler E. H. Reichard das Geheimniß, Porzellan zu machen, für 10 000 Thaler abgekauft hatte. Gotzkowsky erstand von den von Dorville'schen Erben das Haus in der Leipzigerstraße Nr. 4, und traf hier die erste Einrichtung zur Fabrikation. Nach dem Frieden überließ er das Ganze dem Könige, der an die Spitze der Manufactur einen Director mit dem Titel eines Geheimraths stellte. Das Berliner Porzellan erwarb unter solcher Leitung Ruf und Ruhm. Lange Jahre hindurch befanden sich das Hauptwaarenlager und die Mustersäle im Vordergebäude, Leipzigerstraße 4. In den übrigen Theilen des großen Gebäudes waren die Mühlen, Pochwerke, Schlemmstuben, Verglüh- und Glutöfen, Emailfeuer und das Farbenlaboratorium untergebracht.

Dann wurde Deutschland einig, gebrauchte ein sehr provisorisches Reichstagsgebäude und miethete die Porzellan-Manufactur aus. Das Verkaufslokal kam nach der Ecke der Friedrichs- und Leipzigerstraße und die gesammte Fabrikation nach dort, wohin schon seit 40 Jahren ein Theil der Fabrikation verlegt war, in den Thiergarten, Berlin W. —

Juristen wird es interessiren zu hören, daß noch vor 100 Jahren ein Berliner „Porzellanfabrik-Gericht" bestand. Unter diesem standen alle zur königl. Fabrik gehörigen Personen und Ehefrauen. Ein Justitiar entschied mit dem Direktor der Fabrik alle Streitigkeiten (die Kriminalfälle ausgenommen), und eine

Appellation bei Objekten über 100 Rhtlr. fand an das Kammergericht statt. —

Brücke über die Spree bei B

Im Hintergrund die Moabiterbrücke. Rechts im Hintergru

Unser Zug saust weiter über das „Berlin-Hamburger-Immobilienterrain" und landet am Bahnhof „Bellevue."

„Bellevue ist gut" — meinte Freund Lüders — „aber Café Gärtner ist besser. Während ich mich in die Reihen der größten

riginalzeichnung von M. Lübke.

der Borsig'schen Fabrik. Links vorn der Bellevue-Park.

Landschafter begeben und eine großartige Ansicht von Schloß Bellevue tuschen werde, lassen Sie sich in ihrem „Vertälen" gar nicht stören. Das Alles macht sich im „Café Gärtner“ viel schöner, als im Bahnhof Bellevue.“

Und so geschah's. Wir tranken auf das Wohl der Stadtbahnhöfe und zum Schutz gegen weitere Erkältung Kaffee mit Rum, Freund Lüders zeichnete und ich „singe das Lied dazu.“

Schloß Bellevue.

Das Terrain der ehemaligen Anlage gehörte von altersher einem Gärtner Müller, von diesem kaufte es Herr von Knobelsdorf.

Der ehemalige Oberbauintendant „der Erbauer des königlichen Opernhauses,“ ist der eigentliche Begründer dieser Besitzung. Er legte 1743 hier eine Meierei an und baute sich das kleine geschmackvolle Landhaus, das jetzt den Spreeflügel von Bellevue bildet.

Wenzeslaus von Knobelsdorf, geboren am 17. Februar 1699, zählte zu den Freunden Friedrichs des Großen, zu den Mitgliedern der „Rheinsberger platonischen Republik.“ Den „dicken Knobelsdorf“ nannte ihn Friedrich in seiner Vertraulichkeit. Er malte Friedrichs Bild für Voltaire und überschickte es diesem durch Keyserling; er baute das durch eine Feuersbrunst eingeäscherte Rheinsberg und einen Flügel des Charlottenburger Schlosses und, „zum Surintendant der königlichen Schlösser“ ernannt, von 1740 bis 42 das Opernhaus.

Bei der Eröffnung der neuen Académie des Sciences et belles lettres, am 23. Januar 1744 zählte Knobelsdorf zu den Ehrenmitgliedern derselben, nachdem ihn der König schon 1741 zum „Direktor der Musik nnd zum Intendanten der Schauspiele“ ernannt hatte.

Die heutige kunstgerechte Gestalt des Thiergartens, so z. B. die Anlage des „großen Sterns“, verdankt dem schaffenden Geiste dieses Mannes seine Entstehung. Aus besonderer Liebe an seiner Schöpfung wählte er sich den am Wiesenufer der Spree gelegenen, damals einem Gärtner Müller gehörigen Platz zur Erbauung

Schloß Bellevue. Von der Stadtbahn aus gesehen. Originalzeichnung von H. Lüders.

eines Landhauses, neben welchem er eine Meierei anlegte, die noch 1785 als „Knobelsdorfs Meierei“ allgemein bekannt war.

Bis 1745 etwa währte das gute Verhältniß des Künstlers zum Könige, seit dieser Zeit entstand „ein ziemlicher Kaltsinn des Königs“ — wie Manger sagt — gegen seinen Freund.

Die Erbauung des Berliner Thores in Potsdam sollte endlich den vollständigen Bruch zwischen Knobelsdorf und Friedrich dem Großen herbeiführen. Wie Manger berichtet, war der Erstere zur königlichen Tafel nach Potsdam geladen, und der König richtete vor Beginn derselben an Knobelsdorf die Frage: wie ihm das neue Thor gefallen, welches er soeben passirt habe? „Sieht Er“, fuhr der König fort, als der Angeredete die Frage absichtlich überhörte, „das hat Sein dummer Castellan Boumann erbaut.“ — „Deshalb muß ich es auch wohl nicht bemerkt haben“, lautete nun die Erwiderung. „Er kann wieder nach Berlin gehen!“ rief der König verdrießlich. Knobelsdorf nahm sofort Extrapost, doch der König schickte ihm, auf die Meldung hiervon, einen Feldjäger mit dem Befehl nach, unverzüglich zurück zu kommen. Erst in Zehlendorf holte ihn derselbe ein. „Mir hat der König selbst befohlen, nach Berlin zu gehen, und ich weiß zu gut, ob ich seinen oder des Feldjägers Befehl befolgen muß!“ Mit dieser Antwort fuhr er weiter. Seit jenem Tage sahen beide Freunde sich nicht wieder.

Nach einer langwierigen Krankheit starb der geniale Mann am 16. September 1753, und wurde im Glockenstuhlgewölbe des „Deutschen Doms“ auf dem Gensdarmen-Markt beigesetzt.

Wenige Tage vor seinem Tode richtete er an den königlichen Freund nachstehende Zeilen: „Ich fühle die letzten Augenblicke meines Lebens herannahen und nütze eine Pause meiner Schmerzen, um den Gefühlen der Dankbarkeit Worte zu geben, von denen ich für all' das Gute, und all' die Wohlthaten durchdrungen bin, mit welchem mich Eure Majestät während meines Lebens überhäuft haben .... Die letzten Augenblicke des Lebens eines alten Dieners gehören dem Wunsch, daß Euer Majestät Regierung so lang sei, als sie ruhmreich ist.“

Friedrich der Große, tief betrübt durch das Hinscheiden des

Genossen seiner Jugend, ehrte das Gedächtniß desselben durch eine Lobrede, die im 8. Bande seiner Memoiren abgedruckt ist und die am 24. Januar 1754 in der Akademie verlesen wurde.

Knobelsdorf war unverheirathet geblieben. Doch gingen aus einem Verhältniß zu der schönen Tochter des Küsters zu Charlottenburg, Sophie Schöne, zwei Kinder hervor, die nach seinem Tode vom Könige legitimirt wurden. Die Mutter derselben, welche das Haus in der Kronenstraße Nr. 29 bewohnte, verheirathete sich später mit dem Kommandeur von Wangenheim. Von ihren beiden Töchtern, welche das Haus in der Leipzigerstraße Nr. 65 besaßen, vermählte sich die ältere mit dem Hauptmann Baron von Puttlitz und die jüngere mit dem Erbherrn auf Trechwitz und Rekahne, Botho von Rochow.

Die „Knobelsdorfsche Meierei“ im Thiergarten aber gelangte, nachdem ein Freiherr von der Horst längere Zeit miethsweise darin gewohnt, und Obst- und Gemüsegärten darin angelegt hatte, an Hofrath Bertram und von diesem 1785 an den Prinzen Ferdinand, welcher in den Jahren 1786—1790 Schloß Bellevue mit seinem Park darauf errichtete.

Auf seine Bitten trat König Friedrich Wilhelm II. dem Prinzen ein Stück des Thiergartens ab, und zwar den Theil, welcher zwischen dem großen Stern, der Brückenallee und der damaligen großen Sternallee lag. Noch jetzt läßt sich leicht erkennen, daß dieser Theil früher zum Thiergarten gehörte.

Zwei Bedingungen wurden dem Prinzen hierbei gestellt, erstens die Gestattung des freien Besuches des Gartens in den Nachmittagsstunden, und zweitens die Einfriedigung mit einem nur niedrigen Gitter.

Den Namen „Bellevue“ gab der Prinz selbst seiner Besitzung.

Prinz Ferdinand, der jüngste Bruder des großen Königs hatte vorher in Schloß Friedrichsfelde residirt; im Jahre 1802 (nach dem Tode des Prinzen Heinrich) bezog er Schloß Rheinsberg, und überließ seinem Sohne, dem Prinzen Louis Ferdinand, von diesem Jahre ab Schloß Bellevue.

Im Friedrichsfelder Kirchenbuche ist der Name desselben,

sowie der seines Bruders, des späteren Besitzers von Bellevue verzeichnet. Am 18. November 1772 wurde Prinz Louis Ferdinand, der „Saalfelder" geboren.

Wie er lebte, darüber später. Zunächst, wie er starb. Das Kriegsjahr 1806 war gekommen, und der Besitzer von „Schloß Bellevue" zog mit in den Kampf.

Am 10. Oktober brach er mit 6000 Mann gegen Saalfeld auf, um die Franzosen im Vorrücken aufzuhalten. Es kam zum Kampf. Dem Heldenmuthe des Prinzen zollen selbst französische Schriftsteller Anerkennung. So sagt Thiers: „der Prinz, in eine glänzende Uniform gekleidet, begab sich in das Getümmel des Kampfes mit einer Tapferkeit, welche seiner Geburt entsprach." Fünf Stunden rang er rühmlichst mit dem überlegenen Feinde. Noch einmal sprengt er an der Spitze der Seinigen gegen die französische Reiterei, er wird geworfen und empfängt eine schwere Wunde.

Er befand sich auf einer Wiese und hoffte, durch die Schnelligkeit seines englischen Pferdes, das er ritt, von dem ihn bedrohenden Kriegsgeschick bewahrt zu werden. Da erhält sein Pferd einen Schuß und bricht nach einigen Sätzen unter ihm zusammen. Der Prinz reißt die Pistolen aus den Halftern, bereit, sich bis auf den letzten Blutstropfen zu vertheidigen. Seine Uniform verräth dem Feinde, daß man es mit einer hochstehenden Person zu thun habe. Ein Wachtmeister und ein Husar sprengen auf ihn ein. Er schießt auf sie; ein Schuß geht fehl, der andere streift den Husaren. Der Wachtmeister ruft: „General, ergebt euch!" — „Sieg oder Tod!" ruft der Prinz und kämpft zu Fuß gegen die beiden Reiter. Schon blutet er aus mehreren Wunden, da streckt ihn ein scharfer Hieb in den Hinterkopf zu Boden, worauf sich der Husar über ihn wirft und ihn durchbohrt.

Wenige Tage vorher hatte der Prinz an eine ihm befreundete Person geschrieben: „Ein Wort gaben wir uns Alle, ein feierliches — bestimmt das Leben daran zu setzen, und diesen Kampf, wo Ruhm und hohe Ehre uns erwartet, oder politische Freiheit und liberale Ideen auf lange erstickt und vernichtet werden, wenn er unglücklich wäre, nicht zu überleben."

Der „Schloßherr von Bellevue" starb den Heldentod als braver Preuße.

„Nicht alle, die so heißen, sind drum auch brave Preußen,
Kameraden glaubt es mir. Nach dem verdammten Kleckse,
Bei Jena Anno Sechse, sah's jeder Füsilier.
Da gab's mit einem Male viel große Generale
Und Oberstlieutenants, die ihren König thaten
Und's Vaterland verrathen, sie waren's Teufels ganz."

So sang George Hesekiel. Er hat Recht gehabt.

Prinz Louis Ferdinand, der Neffe Friedrichs des Großen, feurig, geistreich, liebenswürdig und schön, der Abgott aller Damen, der als verliebter Schmetterling von einer Blume zur anderen flatterte, starb als ein ganzer Mann den Heldentod.

Der König stand ihm fern, Beide liebten sich nicht, denn ihre Naturen waren zu widerstrebend. Der König nüchtern, sparsam, einfach; der Prinz ausschweifend, verschwenderisch, genial. Zwischen beiden war an keine Harmonie zu denken, ja man sagt, der König habe seinen schönen Vetter gehaßt, weil er auf ihn eifersüchtig gewesen sei. Denn auch die Königin Louise konnte sich der hinreißenden Liebenswürdigkeit desselben nicht ganz entziehen, wenn sie auch zu sittlich rein war, als daß ein Liebesverhältniß hätte entstehen können.

Für die Geschichte Berlins ist das Leben des Prinzen Louis Ferdinand von hoher Bedeutung gewesen, im Guten wie im Schlimmen.

In seinem Hause, sowohl in dem der Friedrichstraße — nächst der Weidendammerbrücke — als im Schlosse Bellevue vereinigten sich die geistreichsten Männer: Friedrich Gentz, Wilhelm von Humboldt, Johannes von Müller, Friedrich von Schlegel und Andere. Und wenn dort Orgien gefeiert wurden, so fanden doch auch Wissenschaft und Kunst ihre Stätte. Am 8. Mai 1804 speiste Friedrich Schiller beim Prinzen Louis Ferdinand im Schlosse zu Bellevue.

Selbst die Ausschweifungen des Prinzen trugen den Charakter der Genialität und man hat ihn deshalb vielfach nach dem berühmten Athener den preußischen Alcibiades genannt.

Er liebte die Schwester der Königin Louise, die reizende Wittwe des Prinzen Ludwig, eine Freundin galanter Abenteuer; er liebte ein Fräulein von Schlieben, eine Französin Madame Contades, eine Madame Laroche-Aymon, die Gräfin Gurowska, die Tochter des Generals von Bischofswerder, die liebenswürdige Emilie von Rau und viele Andere.

Auch im Bürgerstande hatte der Prinz manche Geliebte. Am meisten zeichnete er die schöne, sanfte Henriette Fromm aus, welche ihm zwei Kinder schenkte, Louis und Blanche. Beide sind nach dem Tode des Prinzen unter dem Namen von Wildenbruch in den Adelstand erhoben worden.

Auch Madame Pauline Wiesel und last not least die Jüdin Rahel Levin muß ich erwähnen. „Er hat alles, was er schriftlich besaß, vor dem letzten Ausmarsch in Schricke verbrannt, das weiß ich von Major Möllendorf", — so schreibt Rahel von dem Prinzen. „Auch hat sich nichts gefunden, sonst hätte man das Geklatsche schon gehört. Halb gewiß gebührt diesem menschlichsten Menschen dieser Ruhm: Das Menschlichste im Menschen faßte er auf; zu diesem Punkte hin wußte sein Gemüth jede Handlung, jede Regung der Anderen zurückzuführen." So Rahel Levin.

Trotz seiner großen Fehler während seines Lebens war der Prinz unter allen Mitgliedern des Königshauses beim Berliner Volk am beliebtesten. Es bewahrte ihm nach seinem Tode das treueste Andenken. —

Prinz August, der Organisator der Preußischen Artillerie, geboren den 19. September 1779, der Bruder des Verstorbenen, wurde der Besitzer von Bellevue. Von seiner Tochter der Gräfin von Waldenburg ist demselben ein von derselben entworfenes und modellirtes Denkmal im Park gesetzt.

Die vorn aufgepflanzte Kanone, »le drole« genannt, erinnert noch heute an den ehemaligen Bewohner des Schlosses, den Onkel unseres Kaisers. Diese Kanone war das erste von fünfzehn anderen bei Probstheida eroberten französischen Geschützen, das Friedrich Wilhelm III. dem Prinzen August, zum Geschenk machte.

Und noch heute ist in den oberen Räumen des Schlosses die gesammte Einrichtung des Prinzen erhalten worden, Seiden=

tapeten, Möbel, Bilder und Bildwerke, die zum Theil wohl noch aus der „Louis Ferdinandzeit“ stammen.

Von den Erben des Prinzen August kaufte König Friedrich Wilhelm IV. Schloß Bellevue und seine Einrichtung für 450,000 Mark und hat oft Schloß Bellevue zum Absteigequartier benutzt.

In den letzten Jahren bewohnte Prinzessin Alexandrine, die verwittwete Frau Herzogin von Mecklenburg-Schwerin das Schloß, jetzt wird es für den Prinzen Wilhelm und dessen Gemahlin hergerichtet, und es beginnt damit möglicherweise das glänzendste Kapitel in der Geschichte des schönen Besitzthums.

Soviel über Schloß Bellevue.

Schauen wir von „Bahnhof Bellevue“ über die Spree, so erblicken wir vor uns und westlich und östlich das **Moabiter Land** und darüber hinaus die „Jungfernhaide“ und das „Pfefferluch“.

„Jetzt wird dies Moabiterland, westlich von Berlin“ schreibt Mila im Jahre 1829 — „vor dem Unterbaum gelegen, südlich an der Spree, westlich und nördlich an die Jungfernhaide, und östlich an die Oranienburger Vorstadt grenzend, in Alt- und Neu-Moabit eingetheilt. Der Umfang ist sehr bedeutend und kann noch viel bebaut werden. Alt-Moabit ist eine Straße längs der Spree: Neu-Moabit liegt diesem besonders nördlich und östlich gegenüber. In letzterem sind 8 Straßen, der Kurfürstenthumdamm, vom Thiergarten bei Bellevue über eine durch Privatentreprise des Hofraths und Hofzahnarztes Baillif entstandene hölzerne Zugbrücke, Baillifbrücke genannt, und über Alt-Moabit, die Stromstraße, Birkenstraße, Thurmstraße, Waldstraße, Beusselstraße und gleich am Unterbaum die Pulvermühlenstraße.

Hinter der „Sandkrugbrücke“ liegt ein Sandhügel, den ein französischer Flüchtling, Namens Menardier, in kurzer Zeit in einen ertragsfähigen Weinberg (siehe Karte Seite 37) verwandelt hatte. Derselbe wurde an Sonn- und Festtagen ein beliebter Vereinigungspunkt der französischen Kolonie, in welchem die Mitglieder derselben im Herbst Weintrauben 2c. verzehrten.

Etwas weiterhin bemerkt man längs der Spree die schon unter Friedrich Wilhelm I. von 1717 bis 1719 durch zwei Holländer, Brauer und van Zee, angelegten königlichen Pulvermühlen.

Daran schließt sich das Moabiterland*), eine Reihe Häuser mit Gärten und Acker, die Friedrich I. anlegen ließ. Die Urbarmachung der dabei befindlichen Gärten übertrug er betriebsamen französischen Gärtnern und Landbauern.

Unter Friedrich Wilhelm I. wurden Maulbeerplantagen zum Betrieb des Seidenbaues angelegt. Privatpersonen bauten dann hier freundliche Landhäuser.

Friedrich II. ließ Westfälingern, welche er hierher berufen, in dieser Gegend Acker austheilen, sie sollten denselben mit lebendigen Hecken einzäunen und dadurch ein Beispiel dieser in Westfalen üblichen Einrichtung geben. Neben dem Gartenbau hatten sie Schankwirthschaften, die wegen des guten Pumpernickels, den sie nach ihrer Landesart backten, von den Berlinern sehr besucht wurden.

Ein am Ende des Moabiterlandes nach Charlottenburg zu gelegenes kleines Vorwerk „Martinicken" benannt, hat diesen Namen von seinem ehemaligen Besitzer, einem kleinen Manne Namens Martin, und hieß auch Rhabarberhof, von einer Rhabarberkur, die Friedrich II. dort einigen seiner Pferde angedeihen ließ". —

Das „Moabit" vor 50 Jahren war eine Vergnügungsanstalt der Berliner; dann mauserte es sich zu einer bedeutenden Fabrikstadt heraus, und in allerneuester Zeit, seit der Eröffnung des Criminalgerichts, scheint es auch noch eine Beamtenstadt werden zu wollen. —

Freund Lüders hatte inzwischen das Bildchen vollendet, das Seite 27 bringt. Der im Vordergrunde befindliche „Poeten-

*) „La terre maudite" oder auch „la terre des Moabites" nannten spöttelnd einst die Refügies Moabit. Daher soll der Name entstanden sein.

steig“ reizte uns, eine kleine Wanderung längs des Schlosses zu machen und das Haus Knobelsdorffs in nächster Nähe anzuschauen.

Hier ist noch ein idyllisches Stückchen Land vorhanden, das recht lange uns erhalten bleiben möge. Mein hochverehrter Freund Dr. Julius Rodenberg hat kürzlich in einem interessanten Vortrage dies Bild aus dem Berliner Leben, „einen Sommerabend an der Spree“ in seiner meisterhaften Weise behandelt. Die Gemälde aus der Vergangenheit und Gegenwart, Landschaft und Staffage, Volksscenen und historische Reminiscenzen waren von ihm gleichsam in die warme Beleuchtung eines Sommerabends getaucht. Den Vordergrund der Scenerie bildete die Spree, an deren linkem Ufer wir beiden Stadtbahnfahrer standen, zwischen den Zelten und Moabit, mit der idyllischen Ruhe des Thiergartens und des Bellevueschlosses auf der einen, mit den rauchenden Schloten und rußigen Fabriken des „Borsiglandes“ auf der andern Seite. Das Innere der Werkstätten mit ihrem Feuerschein und ihren „modernen Cyklopen“ wurde geschildert wie auf Menzel's berühmten Bilde, und auch der Roman dieses „Arbeiters von Genius und Gemüth.“ Uns tönte noch in den Ohren, wie Borsig seinen Helfern bei der Probe mit der ersten Maschine das freudige „sie geht“ zurief, welches seine Zukunft entschied.

Wir besteigen wieder unser Stadtbahnfuhrwerk, sausen an der „Lüneburger Straße“ und an dem öden Güterbahnhofe vorbei, winken den jenseits der Spree gelegenen „Zelten“ zu und fahren in die „Haltestelle am Lehrter Bahnhofe“ ein. In unserem Nebenkoupé sitzen mehrere junge Berlinerinnen, welche „in Schule“ gehen wollen, ein Berliner Stadtreisender „in Ziehjarren“ und ein biederer Handwerker.

An dieser Stadtbahnstelle lag vor vier Jahren die „Berliner Gewerbe-Ausstellung“, und liegt gegenwärtig die Hygiene-Ausstellung.

Die „Berliner Gewerbeausstellung“ von 1879 war eine That und die Namen der Tapferen, welche damals die Ausführung des schwierigen Werkes auf sich nahmen, sollen nie vergessen werden.

„Stolz darf's der Berliner sagen,
Höher darf das Herz ihm schlagen:
Selbst erschuf er sich den Werth!"

Jetzt geht man mit der Ausstellerei zu sehr ins Breite, statt alle Kräfte für eine einzige große deutsche oder deutsch-östreichische Kunst- und Gewerbeausstellung oder noch besser für eine in der deutschen Reichshauptstadt abzuhaltende „Weltausstellung" zusammenzuhalten.

Eine „Spiritusausstellung" und „Heraldische", eine „Hygienische", „Sport-" und „Blech-Ausstellung" hatten wir bereits und eine ganze Reihe kleinerer Ausstellungen erwarten uns in diesem Jahre. Das ist zuviel des Guten, ist geradezu eine Ausstellungsepidemie.

Weil wir eine „Weltausstellung in Berlin" im günstigsten Falle kaum vor dem Jahre 1900 haben dürften, sollten wir alle Kräfte zusammenfassen, und nicht in Spezial- und Provinzialausstellungen zersplittern, um eine große deutsche oder deutsch-österreichische Kunst- und Gewerbeausstellung noch für dieses achte Jahrzehnt unseres Säkulums zusammenzubringen.

Die „Weltausstellungen" sind die Meilenzeiger des Fortschritts, die Gradmesser für die Höhe der Produktionsfähigkeit genannt worden, und sie sind dies ganz gewiß, wenn sie ohne Ueberhastung in gewissen größeren Zwischenräumen stattfinden. Ort und Zeit der Weltausstellungen*) dürften für kommende Zeiten durch internationale Uebereinkommen festgestellt werden. Und weil sehr wahrscheinlich die deutsche Regierung diese Regelung anregen dürfte, wird sie nicht gut für sich den nächstfälligen vereinbarten, vielleicht fünf- oder zehnjährigen Termin in Anspruch nehmen können. Darum dürfte nach meinem Dafürhalten (selbst wenn Alles glatt geht, und wenn nicht Krieg und Pestilentia dazwischen gerathen) eine „Berliner Weltausstellung" erst für 1890, 1895, 1900 oder 1905 zu erwarten sein. —

*) 1699 hatte Leyden die erste Ausstellung, 1797 Paris eine Industrie-Ausstellung. 1851 begann England mit der ersten Weltausstellung, Paris folgte 1855, dann kam London wiederum 1862, Paris 1867, Wien 1873, Philadelphia 1876 und Paris zum dritten Male im Jahre 1878. Die nächste Ausstellung findet in Rom statt.

Bevor wir das Stadtbahngefährt wieder besteigen, um nach „Bahnhof Friedrichs-Straße“, nach dem recht eigentlichen Berliner Central-Bahnhof zu gelangen, möchte ich unsere Leser bitten, mit Hülfe eines neuen Berliner Stadtplans den Plan vom Jahre 1844 zu betrachten, den wir nebenstehend abdrucken, und die Veränderungen, welche seit 40 Jahren an dieser Stelle, von der Charlottenburger Chaussee bis zum Invalidenhause, geschehen sind, zu studiren.

„Wie die Gegend von der Charlottenburger Chaussee bis zum Invalidenhause im Jahre 1844 aussah.“

Fangen wir im Süden an.

Auf dem „Königsplatz“, dem damaligen „Exerzierplatz“ befindet sich (seit einem Jahre) das Kroll'sche Etablissement, weiter nichts. An der Stelle, wo später das Palais Raczynski errichtet wurde, befand sich in den Wintermonaten ein Circus. Dem Besitzer eines Wintergartens in Breslau, Joseph Kroll, war an der Westseite des Exercierplatzes der Bau eines Etablissements nach seinem Breslauer Muster auf fiskalischem Terrain gestattet, das Gebäude brannte 1851 nieder und an seiner Stelle entstand unter des kunstsinnigen Baumeisters Tietz Leitung der heutige Bau.

Nördlich vom Königsplatz, zwischen diesem und der Spree ist auf dem Terrain des alten Seeger'schen und Kampfmeier-schen Holzplatzes der prächtige „Alsenstraßenstadttheil“ errichtet. Das Generalstabsgebäude steht auf dem Terrain eines früher „königlichen Holzplatzes.“ Bis vor wenigen Monaten erinnerten noch die alten Gebäulichkeiten von „Seegerhof“ in der heutigen „Hindersinstraße“, an die frühere Zeit, da Segerhof noch die Habermaaßische Meierei hieß, jetzt stehen mächtige Prachtbauten dort. Der Neubau des Reichstags wird die Umwälzung complet machen.

Die heutige Roonstraße hieß damals Schifferstraße. Links an der Ecke derselben stand ehedem ein kleines unansehnliches Häuschen, das 1848 der Magnetberg für viele Hunderte von Personen der besten Gesellschaft war, die in den elegantesten Equipagen dorthin wallfahrteten. Hier „sagte“ Louise Braun „wahr“.

Vor hundert Jahren lief quer über dieses Terrain etwa in der Richtung der Bismarckstraße ein Spreearm bis zu den „Zelten“, auf unserer Karte von 1844 sind noch einzelne Reste des alten Wasserlaufs zu bemerken.

Nördlich von der Spree, dort, wo jetzt der Humboldthafen, der Lehrter- und Hamburger Bahnhof und das Zellengefängniß sich befindet, hat sich so gut wie Alles verändert. Nur das Invalidenhaus und die Gebäude der Charité haben die alte Zeit gesehen. Dahin sind die Schwimmanstalten der Halloren Tychy und Lutze „an der Pulverstraße“, dahin der „Fenngraben“ auf der Gouverneurswiese, zugeschüttet (Gott sei Dank) von der Invalidenstraße an bis zum Unterbaum der „Schönhauser- oder

Pankegraben" und endlich ist an Stelle des „hohen Menardier'schen Weinbergs", von dem man eine so reizende Aussicht in die zu Füßen gelegene Jungfernhaide und über die nahe gelegene Pulverfabrik weg nach „den Zelten" zu hatte, und welcher einst dem Großen Kurfürsten gehörte, der Humboldthafen ausgegraben worden.

Vor 200 Jahren sah hier freilich Alles noch wilder aus. Die „Spree" und die „Spandauerstraße" und sonst nichts als „Stadt- und Jungfernhaide" hausten hier, bis im Jahre 1698 der „neue Unterbaum" angelegt wurde, der vormals viel weiter spreeaufwärts lag.

Das ganze Terrain des Friedrich-Wilhelmstädtischen Theils nämlich war Sumpf und Haide und nur der „Acker des Haidereiters", und die „Bullenwiese" belebten diese von der Panke durchflossene Gegend. Im Jahre 1698 veräußerte aber der Rath den Haidereiteracker nebst einer Spitze der Bullenwiese an den Hofmaurer und Steinmetzger Braun zur Anlage einer Schneidemühle. Um dieselbe Zeit wurde auch die Bullenwiese an der Spree parzellirt und besonders dem Spreeufer gegenüber von Schiffbauern mit Häusern besetzt. Nach diesen wurde der am Spreeufer langgeführte Damm genannt.

Zu den ersten Anlagen in dieser Stadtgegend gehörte ferner der vom Grafen von Wartensleben auf einem Theile der Bullenwiese eingerichtete große Garten, welcher später der Hund'sche Garten hieß, und danach vom Hofjuwelier und Münzentrepreneur Veitel Heine Ephraim zu einer Meierei umgeschaffen wurde. Soviel mir bekannt, gehörte der Garten zu demjenigen Grundstücke am Schiffbauerdamm, das heute die Nummer 20 führt.

Wenn wir mit der Stadtbahn an den Hinterhäusern des Schiffbauerdamms vorbeisausen, blickt uns linker Hand noch heute inmitten allerlei Gerümpels ein Gartenhaus aus dieser Zeit friedlichst an. Vom Juden Ephraim, der hier wohnte, dessen Vorfahren einst aus Holland eingewandert sind und der der Stammvater der noch blühenden Berliner Familien Eberti und Ebers ist (zu der letzteren zählt der Romanschriftsteller Georg Ebers), sagte Voltaire, der mit dem Juden in gutem Vernehmen stand: „Il est plus sage, que Moyse et a plus d'esprit que Salomon." Auf seinem umfangreichen Besitzthum am Schiffbauerdamm errichtete Ephraim zum Betriebe der übernommenen Gold- und Silbermanufaktur Silber- und Kupferschmelzofen sowie zwei Roßmühlen, deren jede sechs kolossale Blasebälge trieb.

Bilder von der Stadtba

Der Uebergang der Bahn über den Humboldtshafen.

Von diesen Mühlen führte das Etablissement, welches auch das Silber zur Ephraim'schen Münze lieferte, im Volksmunde den Namen „Judenmühle". —

Auch der Thierarzneischulpark zählt zu den ältesten Anlagen dieser Gegend. Ehemals vor 150 Jahren ein Gräflich

Reuß'scher Privatpark, später einem Herrn Bertram gehörend, wurde 1790 von König Friedrich Wilhelm II. in dem schönen Garten die Thierarzneischule gestiftet „zur Bildung der Fahnenschmiede bei den Kavallerieregimentern". Langhans, der Erbauer des Brandenburger Thores, war auch der Baumeister der Schule.

alzeichnung von M. Lübke.
runde Siegessäule und Kronprinzenufer. (S. Seite 38.)

Wir fahren mit der Stadtbahn über das Gräflich Lehndorff'sche Terrain. Bis vor einem Jahre noch befand sich hier ein kleines freundliches Gehöft, das der Stadtbahn weichen mußte. Keiner von den heutigen wußte wohl mehr, daß diese Gebäude die des alten „bekannten Sandkrugs" waren, der hier einst „am schönhausischen Graben" vor hundert Jahren und länger mit seinem Wirthshause und seinem schönen Garten die Berliner erfreut hat.

Wir fahren am Charitékrankenhause vorüber, das der Staat recht bald von hier wegbringen sollte. Das Terrain ist so werthvoll, daß aus seinem Verkauf ein Paar Krankenhäuser in neuer Einrichtung auf billigerem Terrain nach der Jungfernhaide zu für den Ertrag errichtet werden könnten.

König Friedrich I. ließ dies Krankenhaus auf dem ehemaligen Vorwerks-Lande seiner Gemahlin im Jahre 1710, als die Pest in der Mark sich zeigte, erbauen, um es als Pesthaus zu benutzen. Diese Krankheit drang aber bis Berlin nicht vor, und das neue Gebäude wurde zum Hospital und Arbeitshause bestimmt.

Friedrich Wilhelm I. wandelte es 1726 zum allgemeinen Zufluchtsorte der Kranken und zugleich zu einer Bildungsanstalt für Wundärzte um, und die späteren Könige verbesserten und schufen Anbauten bis auf unsere Zeit.

Heute, wo der Bau von Krankenhäusern nach ganz anderen Prinzipien hergerichtet wird wie zur Zeit unserer Voreltern, sind die Gebäulichkeiten der „Charité" von keinem großen Werthe mehr.

Nochmals. Das Krankenhaus sollte weiter nach Nordwest in die gesunde Jungfernheide ziehen, sollte dort das Unwesen der Artillerieschießerei vertreiben und seinen Platz zu neuen schönen Anlagen in diesem Stadttheil hergeben. —

An der Unterbaumstraßenecke gerathen wir zwischen die Häuser, und meist sind's Hinterhäuser.

Alte Herren, die sich rasiren oder die Halsbinde anlegen, werden sichtbar und schauen verächtlich auf uns herab, junge Mädchenköpfe, welche ihr Haar ordnen, lugen hinter den Gardinen hervor, rothbäckige Köchinnen und bleichsüchtige Näherinnen schauen dem Stadtbahngefährt nach.

Wir aber sausen dem „Centralbahnhofe" zu und summen mit dem ehrwürdigen Herrn aus Göthes Faust, als wir den Hintergebänden entflohen waren und rechts und links unsern Blick über die Spree und die Weidendammerbrücke schweifen ließen:

„Ich suchte mir so eine Hauptstadt aus:
Im Kerne Bürger-Nahrungshaus,
Krummenge Gäßchen, spitze Giebel,
Beschränkten Markt: Kohl, Rüben, Zwiebel,
Fleischbänke, wo die Schmeißen hausen,
Die fetten Braten anzuschmausen.
Da findest Du zu jeder Zeit
Gewiß Gestank und Thätigkeit.
Dann weite Plätze, breite Straßen,
Vornehmen Schein sich anzumaßen.
Und endlich, wo kein Thor beschränkt,
Vorstädte, grenzenlos verlängt.
Da freu' ich mich am Rollekutschen,
Am lärmigen Hin- und Wiederrutschen,
Am ewigen Hin- und Wiederlaufen
Zerstreuter Ameiswimmelhaufen."

Und da sind wir im „Bahnhofe Friedrichsstraße" angelangt.

„Ich gehe zum Franziskaner," sagte Freund Lüders.

„Ich gehe mit". —

Drittes Kapitel.

Die Billetverkäuferinnen. — Bahnhof Friedrichstraße und die Dorotheenstadt. — Von der Gründung Berlins und der Begründung der Berliner Universität, vom Gropius'schen Diorama und dem Mehlhause, von Schloß Monbijou und seinen Bewohnerinnen. — Ein Russischer Besuch und eine Königliche Favorite.

Wir brachen vom „Franziskaner", in dem wir alle möglichen guten und schlechten Scherze über die Stadtbahn*) vernahmen,

---

*) Anmerkung. Man erzählte uns, daß wir Berliner seit der Eröffnung der Stadtbahn „hochfahrend" geworden seien; daß man auf den Zug in den Stadtbahnhöfen nie zu warten brauche, der „herrsche immer dort"; und endlich, daß täglich mehrere hundert Menschen von den Stadbahnzügen überfahren würden — —, die im Franziskaner oder Kyffhäuser ihr Bier oder ihren Wein tränken. —

wieder auf und lösten uns bei der freundlichen Billetverkäuferin des Bahnhofs „Friedrichstraße" neue Karten. Die Zahl der am

Eine Billetverkäuferin am Schalter der Stadtbahn.
Originalzeichnung von H. Lüders.

Billetschalter ihres Kassendienstes waltenden jungen Damen beläuft sich auf 23. Mit den Leistungen und namentlich mit der Freundlichkeit dieser Kassenverwalterinnen ist das Publikum recht zufrieden.

Freund Lüders skizzirte, und ich lief um den ganzen Bahnhof herum, um mir dieses Prachtwerk von allen Seiten anzuschauen. An der Spreeseite ist bereits unter der Ueberbrückung der Beginn der Uferstraße vollendet, deren Weiterführung nordöstlich bis zur Weidendammerbrücke und südwestlich bis zur Neustädtischen Kirchstraße ein wenig beeilt werden könnte. Weil die Bewohner der „Friedrich-Wilhelmstadt", um nach dem Centralbahnhof zu gelangen, einen weiten Umweg über die Marschalls- oder Weidendammerbrücke machen müssen, so haben die Interessenten darum petionirt, vom Schiffbauerdammm aus bei der Spreebrücke, gegenüber der Albrechtstraße einen Treppenaufgang für Fußgänger herzustellen; leider ist die Eisenbahn-Direction auf diesen vernünftigen Vorschlag nicht eingegangen.

Es giebt kaum einen zweiten Bahnhof der Welt, der seiner ganzen Lage und Bestimmung nach dazu ausersehen ist, ein zahlreicheres und destinguirteres Publikum aufzunehmen, wie gerade dieser Bahnhof. Der Bahnhof Friedrichstraße — so schreibt die Zeitung des Vereins deutscher Eisenbahn-Verwaltungen — muß als die Inkarnation aller deutschen, aller auswärtigen Bahnhöfe angesehen werden; er ist ein Bahnhof des internationalen Verkehrs, in dem sich die Träger von Macht, Reichthum und Intelligenz auf ihren Reisen nach Paris, London, St. Petersburg, Wien und darüber hinaus, nach New-York und allen Gegenden der Erde täglich und nothgedrungen Rendezvous geben, in dem man in ununterbrochener Reihe allen Nationalitäten, allen Sprachen und Gebräuchen begegnet, und in dem sich für den aufmerksamen Beobachter ein ethnographisches Schauspiel abspielt, wie es drastischer kaum gedacht werden kann. Daß mit dem Wohlstand der Reisenden die Ansprüche an den Komfort proportional wachsen, lehrt die Erfahrung. Wir möchten also die Behauptung aufstellen: gelingt es der so gewandten Betriebsleitung, mit den vorhandenen Anlagen auch die gesteigerten Ansprüche des Publikums zu befriedigen, gewährt der Bahnhof Friedrichstraße auch fernerhin Raum zur Aufnahme des ihm naturgemäß zufallenden Verkehrs, so sind alle anderen Bahnhöfe der Welt zu groß gerathen, weil wohl keiner verhältnißmäßig so enge gebaut worden ist.“ Das „verhältnißmäßig zu enge“ in dieser trefflichen Schilderung giebt viel zu denken! Die Besorgniß liegt eben nahe, daß der Central-Bahnhof für die Dauer den gesteigerten Anforderungen des Verkehrs nicht genügen wird.

Von Bahnhof Friedrichstraße an betritt die Stadtbahn denjenigen Rayon Berlins, welchen dasselbe bereits zu Ende der Regierung des großen Kurfürsten einnahm, und bleibt während ihres ganzen übrigen Laufes in diesem „Berlin von 1688“ bis zum Schlesischen Bahnhofe. Die Benutzung des alten Festungsgrabens, der sich aus Anlaß des Stadtbahnbaues zum letzten Male in die Erinnerung gebracht hat, um von nun ab für immer zu verschwinden, veranlaßt mich, auf Seite 56 und 57 den Lesern das Berlin von 1688 im Bilde, so zu sagen „Berlin in der Festungstid“ vorzuführen. Die darunter abgedruckte Zeichenerklärung erläutert den alten Schulz'schen Plan hinlänglich.

Berlin bestand damals aus vier Städten, aus Berlin, Köln und den unter dem Großen Kurfürsten angelegten Vorstädten „Dorotheenstadt“ und „Friedrichswerder“. Die Stadtbahn berührt nur die „Dorotheenstadt“ und „Alt-Berlin“. Wann „Alt-Berlin“ sammt Köln gegründet ist, darüber streiten sich die Gelehrten noch heutigen Tags. Nach vieler Meinung ist es überhaupt nicht „gegründet“. Es hat keinen Romulus und Remus, es kennt nicht seine Herkunft, es kann — wie Karl Braun einmal schrieb — von seinem eigenen Ursprung sagen, wie Telemachos im ersten Gesange der Odysse:

> „Freilich versichert die Mutter, er sei mein Vater. Ich selber weiß das nicht. Wir kennen nicht selber den eigenen Ursprung.“

Wenn allein die Urkunden sprechen dürften, so wäre dasjenige richtig, was der Altforscher Berlinischer Geschichte, was Fidicin schrieb:

> „Berlin ist von den Markgrafen Johann und Otto, den Urenkeln Albrechts des Bären gegründet worden. Dieselben traten um das Jahr 1225 die Regierung an, welche sie bis zum Jahre 1266 gemeinschaftlich führten. Sie erwarben von einem slavischen Fürsten Barvin oder Barnim die Lande Barnim und Teltow und mit diesen die Gegend Berlins. Dies muß vor dem 7. März 1232

geschehen sein; denn an diesem Tage ordneten sie den Rechtszustand in diesen Landen, indem sie bestimmten, daß alle Städte in denselben ihr Recht von der Stadt Spandau holen sollten. Berlin hatte aber nicht wie die übrigen Städte im Barnim sein Recht von Spandau, sondern direkt von Brandenburg erhalten."

Berlin wäre danach also schon vor dem Jahre 1232 begründet worden, und da — um unter vielem nur eins zu erwähnen — die Nikolaikirche, wie eine völlig glaubwürdige Inschrift der Kirche besagt, schon um 1223 erbaut ist, so ist es sehr wahrscheinlich, daß Berlin schon um oder auch vor 1200 sich aus einem alten slavischen Sitze zu einer Stadt entwickelt hatte. Es blühte bis zum Jahre 1448, dann verlor es seine Selbstständigkeit im Streit gegen den Kurfürsten.

Bis zum Großen Kurfürsten vegetirten Berlin und Köln zweihundert Jahre hindurch innerhalb ihres Gründungsrayons; von da ab, von 1648 etwa an, breitete die vereinte Stadt sich aus, wuchs unaufhaltsam in die Breite und wird in wenigen Jahrzehnten das ganze ungeheure Terrain, welches die Ringbahn umfaßt, ausgefüllt haben.

Schon streckt Berlin seine Arme nach „Charlottenburg," „Wilmersdorf," „Schöneberg," „Friedenau" und „Steglitz," nach „Tempelhof," „Stralau," „Lichtenberg," ja nach „Pankow" und „Reinickendorf" aus, um alle diese Ortschaften in seinen Rayon zu ziehen, und die Zeit ist nicht mehr fern, wo die „Jungfern-" und „Spandauer" Haide als hochnothwendige Lungen der Weltstadt zur Residenz gehören werden, so etwa wie vor 80 Jahren der Thiergarten; daß es vielleicht Berlin a/H., Berlin an der Havel heißen wird und nicht mehr „an der Spree." Denn man müßte später doch den Hauptfluß Havel nennen und nicht mehr die Nebenflüsse Spree und Panke.

Vom „Bahnhof Friedrichstraße" läuft also die Stadtbahn eine Weile, bis sie die Spree überschreitet, in der alten „Dorotheenstadt," die sich auf unserem alten Plan (S. 56 u. 57) als eben begründete Stadt präsentirt. Wie prächtig schaut die Straße „Unter den Linden" aus, die damals freilich nur bis zur „Schadowstraße" führte — was darüber hinaus nach Westen lag, war noch Thiergarten —, und wie schmuck die „Dorotheenkirche,“ welche von 1678—87 errichtet ward. In eben dem Jahre wurde auch der „kurfürstliche Marstall“ gebaut, das heutige Akademiegebäude. Hinter der „letzten Straße“, der heutigen Dorotheenstraße, bis zur Spree, war Alles noch unbebaut, zumeist deshalb, weil es nasser Wiesengrund war. Man hatte aber auch hier neue Straßen abgesteckt und nannte den Theil „die neue Auslage“. Auf diesem Terrain läuft heute die Stadtbahn, und zwar im Zuge der heutigen Georgenstraße, die vormals „Katzenstieg“ hieß.

Zur Seite des Stadtbahnhofs und fast zu dicht bei ihm liegt die „Pepiniére,“ die heute das „medicinisch-chirurgische Friedrich-Wilhelms-Institut“ heißt. Am 2. August 1795 gestiftet, befand sich diese militärärztliche Bildungsstätte anfangs in einem Flügel der Artilleriekaserne an der Ecke der Georgen- und Universitätsstraße, und wurde 1826 in das jetzige Gebäude verlegt.

Schauen wir uns sonst noch etwas in der Friedrichstraße um, die wir von der Stadtbahn aus nach Nord und Süd in ihrer ganzen 4 250 Schritte betragenden Länge überschauen können.

Zunächst etwas über ihren Namen. Sie heißt die „Friedrichstraße“ und nicht die „Große Friedrichstraße.“ Der letztere Name ist falsch, denn sie wurde getauft nach dem Könige Friedrich Wilhelm I., der sie bis zum heutigen Belleallianceplatz verlängern ließ. Der älteste Theil von den Linden bis zur Weidendammerbrücke hieß ehemals die „Querstraße“; der Theil von der Brücke bis zum Oranienburgerthore die „Dammstraße“; der Theil von den Linden nach der Behrenstraße und zum Theil darüber hinaus bis etwa zur jetzigen Zimmerstraße die Potsdamerstraße und das älteste Potsdamerthor stand dort, wo jetzt die „Passage“ in die Friedrichsstraße mündet.

Das Haus Friedrichstraße Nr. 100, gleich linker Hand von der Stadtbahn aus, stammt aus Friedrich Wilhelms II. Zeit.

In der Georgenstraße rechts, dort, wo jetzt das Werdersche Gymnasium steht, befand sich ehemals die alte Seegersche Reitbahn. Die Wände dieses viel besuchten Etablissements waren mit Spiegeln und Gemälden, welche Scenen aus den olympischen

Spielen darstellten, geschmückt, und alle möglichen Reiterkunststücke, Dachshetzen ꝛc. belustigten hier unsere Großeltern.

Daneben blickt uns ein prachtvoller Neubau an der Stelle des vor kurzem abgebrannten Gropius'schen Diorama's an, in welchem einst die interessantesten „Berliner Weihnachtsausstellungen" stattfanden, und bei denen auch „Automatenvorstellungen gegeben wurden, z. B. „Rellstab als Paukenschläger, welchen Spontini mit dem Taktstock bearbeitet" (Rellstab hatte als Recensent den Kapellmeister stark mitgenommen). Hier an der Stelle des alten Berliner Kunstgewerbehauses mahnten vor ganz kurzer Zeit noch trostlose Ruinen an die Vergänglichkeit alles Irdischen.

Linker Hand, nach dem Passiren der „Stallstraße", übersehen wir die Gebäulichkeiten der „Artilleriekaserne," die hoffentlich baldigst von hier verschwinden wird. Von der „Artillerie" und der „Philosophie" lautet ein hübsches Lied:

Die letzten Gründe des Sinns zu errathen,
Das ist die Aufgabe der Philosophie;
Die letzten Gründe der Potentaten
Hat geltend zu machen die Artillerie.
Dem Philosophen wird niemals glücken,
Zu proben, daß er das Richtige lehrt,
Die Artilleristen aber schicken
Den Gegner hin, wo er die Wahrheit erfährt.

Ganz in der Nähe der Artillerie, am Kupfergraben 4a, befindet sich das Haus eines Philosophen. Es steht allhier vermerkt:

„In diesem Hause starb nach 12jähriger Wirksamkeit in Berlin, den 14. November 1837 Hegel."

Und wenige Schritte davon befindet sich der „Hegelplatz" mit dem Hegeldenkmal, das wir freilich von der Stadtbahn aus der davor liegenden Häuser wegen nicht sehen können. Auf dem Dorotheenstädtischen Kirchhofe — unweit des Grabes seines Amtsvorgängers Fichte — hat man ihn begraben. „Das Wirkliche ist vernünftig" sagte er, und da holte ihn die Cholera.

Wir passiren die „Universitätsstraße" und schauen auf die Bildungsstätte, in welcher der Philosoph einst gelehrt.

Die Gründung der „Berliner Universität", deren Bild wir nebenstehend geben, hängt mit der tiefsten Erniedrigung und zugleich mit der Wiedergeburt Preußens zusammen.

Als man nämlich in Halle erfuhr, daß zufolge des Tilsiter Friedens die Länder links der Elbe an Frankreich abgetreten waren, schlug der Professor Schmalz der Deputation des Universitäts-Conciliums vor, bei dem Könige in Memel darüber vorstellig zu werden, daß die Universität Halle nicht zum Gebiete Magdeburgs gehöre, daß sie eine allgemeine Landes-Universität des Königlichen Hauses sei; man wolle daher den König bitten, die Universität über die Elbe zu nehmen, wo kein Ort dafür schicklicher scheine, als Berlin.

Dieser Vorschlag wurde genehmigt. Die Professoren Schmalz und Froriep reisten ab, und am 10. August 1807 standen sie vor dem Monarchen und trugen ihre Bitte vor. Des Königs Antwort lautete:

„Das ist recht, das ist brav! Der Staat muß durch geistige Kräfte ersetzen, was er an physischen verloren hat."

Während die Angelegenheit nicht ohne aufrichtigen Eifer, aber noch ohne einen in nächster Zeit zu erwartenden Erfolg betrieben wurde, trat in der obersten Leitung des preußischen Unterrichtswesens eine wichtige, verheißungsvolle Aenderung ein. Stein mußte bekanntlich in Folge des französischen Einflusses im Jahre 1808 aus dem Ministerium treten; Graf Dohna erhielt das Ministerium des Innern, und Wilhelm von Humboldt, der bisherige preußische Gesandte in Rom, ward am 20. Februar 1809 in diesem Ministerium Direktor der Sektion für den Kultus und den öffentlichen Unterricht. Mit treuer Hingebung und rastloser Anstrengung arbeitete er auf sein Ziel los, klug und entschieden wußte er alle großen und kleinen Hemnisse wegzuräumen, die oft genug seine Geduld und Seelenstärke auf die Probe stellen mochten. Im Sommer 1809 schreibt er: „Man muß auch am Rande des Abgrundes das Gute nicht aufgeben. Ich arbeite mit ununterbrochenem Eifer fort, und wie schlimm auch die Sachen kommen

Die Universität.

könnten, sehe ich doch den Zeitpunkt nicht, wo uns nicht von einer Seite ein lebendiges und nützliches Wirken übrig bliebe."

Auf seinen Betrieb wurde noch zu Ende des Sommers 1809 den vier Lehrern Wolf, Schleiermacher, Schmalz und Fichte die Erlaubniß ertheilt, im Palais des Prinzen Heinrich, das man wegen seiner Räumlichkeiten, wie seiner vortrefflichen Lage zum künftigen Universitätsgebäude ausersehen hatte, im nächsten Winter öffentliche Vorlesungen zu halten. Das war ein vorläufiger Beginn, dem erst ein Jahr später die wirkliche und förmliche Eröffnung der Universität folgte. Auf Grund einer Kabinetsordre wurde eine Kommission „zur Einrichtung der Universität" niedergesetzt, die aus Uhden, Süvern und Schleiermacher bestand, und zu der auch andere sachkundige Männer auf den Wunsch Humboldts herangezogen wurden.

Das „Heinrich'sche Palais" wurde zu Hörsälen eingerichtet. Das Lektionsverzeichniß wies 58 Docenten auf, darunter die bewährtesten Lehrer, die glänzendsten Namen der deutschen Wissenschaft, unter ihnen Schleiermacher, Marheineke, de Wette, Savigny, Hufeland, Gräfe, Wolf, Böckh, Fichte, Heindorf, Klaproth und viele andere. Am 6. Oktober 1810 begann die Immatrikulation. Die Zahl der Studirenden belief sich im ersten Semester auf 256.

Am Mittwoch den 10. Oktober 4 Uhr Nachmittags im Jahre 1810 versammelten sich auf Einladung des Rektors Schmalz die Dekane und mehrere Professoren zum ersten Male im Universitätsgebäude. Der Rektor verpflichtete die Professoren durch Handschlag an Eidesstatt zum Gehorsam gegen den König und zur Treue im Beruf.

Die Vorlesungen sollten am 29. Oktober ihren Anfang nehmen.

Ohne prunkende Aufzüge, ohne den Pomp ceremonieller Feierlichkeiten wurde die Hochschule eröffnet. —

Und wie schon erwähnt, im alten „Prinz Heinrich'schen Palais."

Prinz Heinrich, der jüngere Bruder Friedrichs des Großen, dieser Feldherr sans peur et sans reproche ließ sich das Palais durch Boumann den Aelteren in den Jahren 1754—1764 erbauen.

„Warum" fragt einmal Theodor Fontane, „warum ist dies von den nobelsten Empfindungen inspirirte Menschenherz so wenig populär geworden?"

Man mache die Probe in unseren Dorfschulen! Jedes Tagelöhnerkind wird den Zieten, den Seydlitz, den „Schwerin mit der Fahne" kennen, aber nur der Lehrer wird stotternd zu sagen wissen, wer denn eigentlich Prinz Heinrich gewesen sei. Das Loos, das dem Prinzen bei Lebzeiten fiel, das Geschick, „durch ein helleres Licht verdunkelt zu werden", folgt ihm auch im Tode noch. Dazu kommt, daß etwas prononcirt Französisches in Sitte, Gewöhnung und Ausdruck und das völlige Fehlen jener kurbrandenburgischen Derbheit, die wir an Friedrich dem Großen so vorzugsweise in Affektion genommen haben, der Popularisirung des Prinzen Heinrich stets hindernd im Wege stehen wird. Aber wenn seine Antworten auch vielleicht niemals an das Schwert des Richard Löwenherz erinnern werden, der eine zolldicke Eisenstange auf einen Schlag zerhieb, so werden sie der Halbmondklinge Saladin's um so ähnlicher sein, der das in die Luft geworfene Seidentuch im Niederfallen durchschnitt.

„Ich habe meinen Bruder nun im Krieg wie im Frieden geprüft" — sagte Friedrich einst nach der Unterhandlung mit Catharina II. — „er hat mir in Rußland die größten Dienste mit aller möglichen Geschicklichkeit geleistet."

Und der englische Tourist William Wraxall schrieb im Jahre 1777 nach einem Berliner Besuche; „Es giebt hier unabhängige Personen, die dafür halten, daß der Prinz an Fähigkeit dem König überlegen sei; aber die erhabene Stellung auf einem Throne ist besser dazu geeignet, jene Fähigkeit zur Schau zu bringen, als der Beruf eines Privatmannes."

Schlagend ist die Aehnlichkeit zwischen beiden Brüdern in vielen Einzelheiten ihres Lebens und ihrer Neigung. Gleich Friedrich ist Prinz Heinrich ohne Söhne und Töchter. Ebenfalls gleich ihm hat er keine Neigung zur Frauenliebe, noch ist er in seinen ehelichen Verhältnissen glücklich.

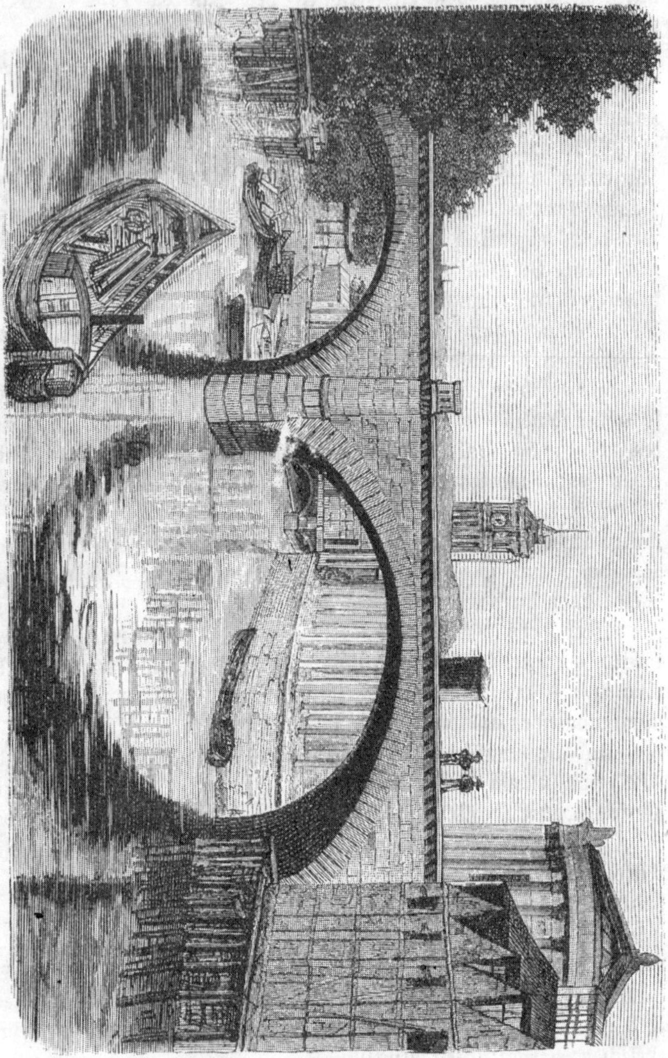

Die Stadtbahnbrücke bei Monbijou. Originalzeichnung von O. Bendheim.

Der Prinz trennte sich plötzlich von seiner Gemahlin. Bis dahin war die Ehe eine glückliche gewesen. Die Prinzessin Heinrich, Wilhelmine, eine Tochter des Prinzen Maximilian von Hessen-Kassel, hielt ihren eigenen Hofstaat in einem besonderen Flügel der jetzigen Universität.

Prinz Heinrich überlebte seinen Bruder noch siebzehn Jahre; er starb 1803 im 78. Jahre seines Lebens. Sein Erbe war der „Saalfelder“ Louis Ferdinand, der Sohn seines jüngsten Bruders Ferdinand.

Die Mauern, die ehedem den Garten hinter dem Prinz Heinrich'schen Palais von der Seite der Universitäts- und Dorotheenstraße umgaben, sind niedergerissen worden, und es ist hier ein der Universität gehöriger Botanischer Garten angelegt worden. Der alte Prinz-Heinrichsbau, das heutige Universitätsgebäude aber ist seit langem nicht mehr für seine jetzigen Zwecke geeignet, ist zu enge geworden. —

In der Dorotheenstraße, gleich vis à vis der alten Sternwarte, befand sich von Alters her der kürfürstliche Hühnerhof. Noch vor dreißig Jahren nannte man das Gebäude so, jetzt hat ein Neubau den Namen und die Erinnerung an die alte Zeit weggenommen.

Wir sausen die „Georgenstraße“ entlang.

Rechts liegt die „Mehlhausbrücke“ beim Ausfluß des Kupfergrabens in die Spree und daneben das 1825 errichtete Haus des Berliner Bäckergewerks, das „Mehlhaus.“

Darin befand sich einst ein sehr berühmter Berliner Tanzsaal. Und sowohl die von den Artillerieoffizieren dort gefeierten Bälle, wie die „Bäckerbälle“ erfreuten sich vor 50 Jahren eines großen Rufes. Noch heute hüpft das Herz unserer älteren Damen und Herren, wenn sie sich der „Bälle im Mehlhause“ erinnern, auf denen man — und zwar war dies ein besonderes Merkzeichen — sehr viel Champagner trank und sich auf das Beste amüsirte.

Wir überschreiten den Kupfergraben und die Museumsinsel, wie wir die Brücke nebenstehend abgebildet finden, und auf der uns die bereits vom Schwamme zerfressenen Räume des provisorischen Ausstellungsgebäudes verzweifelt ihre blinden Scheiben weisen; dann überfliegen wir die Spree und kommen im Parke Monbijou an.

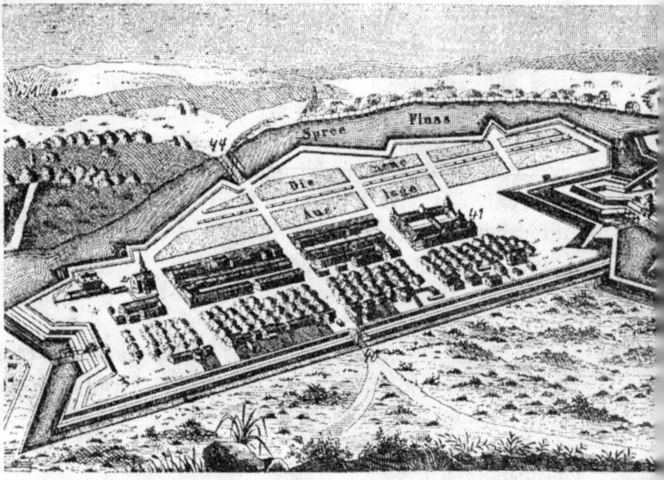

Die Dorotheenstadt.

Berlins Festungszeit, nach d

Zeichenerklärung: 1. Schloß. 2. Lustgarten. 3. Bibliothek. 4. Orangerie
11. Die Niederlage. 12. Mühle beim Schloß. 13. Die Domkirche. 14. St. Ma
Kirche und Rathhaus. 19. H.-Geistkirche. 20. St. Gertrudenkirche. 21. Neue Kir
24. Cölnisches Rathhaus. 25. Die Stechbahn. 26. Der neue Markt. 27. Der M
ziger Thor. 32. Cöpnicker Thor. 33. Stralauer Thor. 34. St. Georgen Thor.
(Monbijou). 39. Churfürstl. Ziegelbrennerei. 40. Potsdamer Brücke und Thor.

Schloß Monbijou und der Monbijougarten (mit der Illustration Seite 59).

Der Monbijougarten ist in den letzten Jahren durch die Erbauung des Domkandidatenstifts an der Oranienburgerstraße sehr geschädigt worden, man zwängte ihm ein Stück Gartenland nach dem anderen ab, man baute ein Haus nach dem anderen dort auf, und die südöstlich gelegene Ecke nahm zuguterletzt noch die Stadtbahn fort.

Der Begründer des Thiergartens, Kurfürst Joachim II., der glänzende prachtliebende Fürst unseres Landes, legte den heutigen Monbijougarten vor 340 Jahren „an der Spandauer

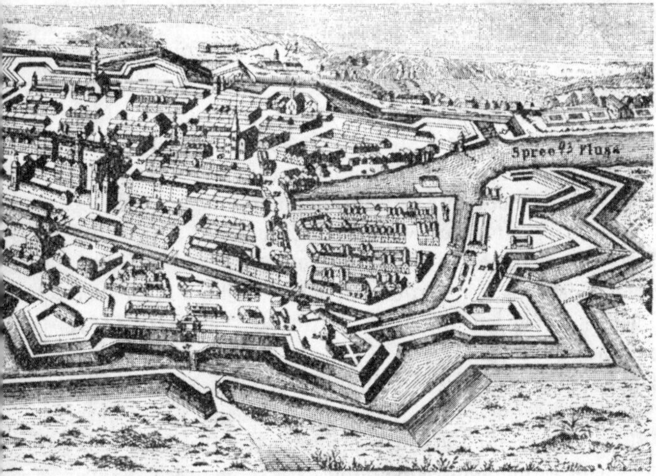

Der Werder. Alt-Berlin. Cöln.

hen Plane vom Jahre 1688.

ıze. 6. Ballhaus. 7. u. 8. Churf. Stall. 9. Der Jägerhof. 10. Das Posthaus. St. Nicolaikirche. 16. St. Petrikirche. 17. Klosterkirche. 18. Friedr.-Werdersche rotheenstadt. 22. Das Joachimsthalsche Gymnasium. 23. Berlinisches Rathhaus. 28. Der Mühlendamm. 29. Die lange Brücke. 30. Die Hunde-Brücke. 31. Leipuer Thor. 36. Das neue Thor. 37. Artillerie-Häuser. 38. Churfürstin Vorwerk . 42. Georgenkirche. 43. wo heute: Jannowitzbrücke. 44. Weidendammerbrücke.

Heerstraße" in der Vorstadt vor dem Spandauer Thore als einen „Küchengarten" an.

Eine größere Ausdehnung und Verbesserung empfing er im Jahre 1604 durch Kurfürstin Eleonore, die zweite Gemahlin Kurfürst Joachim Friedrichs. Während der Greuel des dreißigjährigen Krieges aber verwilderte der Garten.

Nach dem Friedensschluß erhielt ihn die erste Gemahlin des Großen Kurfürsten, Louise, zur Anlage einer Meierei geschenkt; und nach ihrem Tode besaß ihn des Kurfürsten zweite Gemahlin, Dorothea, die Begründerin der Dorotheenstadt. In seinem damaligen Zustande, als „Ihrer Durchlaucht der Churfürstin Vorwerk" präsentirt er sich auf unserer Karte von 1688. (S. Seite 56 u. 57).

Danach, von 1689 ab, besaß dieses Vorwerk sammt Garten, die Gemahlin Friedrichs III., die erste preußische Königin Sophie Charlotte, die Begründerin Charlottenburgs.

Nach ihrem Tode beschloß der König im Jahre 1706, den „Vorwerksgarten" zu veräußern, und überließ denselben für ganze 676 Thaler dem Reichsgrafen von Kolbe-Wartenberg, rectius: er schenkte ihn seiner Favoritin, der Gräfin Wartenberg.

Von den Wirthschaftsgebäuden aus der Zeit der Kurfürstin Louise blieb nur ein Gartenhaus und ein Stall stehen, alles übrige wurde abgebrochen. Darauf ließ die Gräfin 1708 den mittleren Theil des jetzigen Gebäudes durch den Freiherrn Cosander von Göthe erbauen.

Als Graf Wartenberg 1710 in Ungnade gefallen war, wollte die Gräfin den Garten unentgeltlich zurückgeben. Der König aber kaufte denselben wieder an sich, ließ die vorderen Gebäude herrichten und schenkte die ganze Besitzung der damaligen Kronprinzessin und nachmaligen Königin Sophie Dorothea, der Mutter Friedrichs des Großen zum Sommerpalast.

Von dieser Fürstin empfing das Palais sowie der Park den Namen „Monbijou" und blieb in ihrem Besitz bis zu ihrem 1757 erfolgten Tode.

Als Zar Peter der Große mit seiner Gemahlin Katharina im Jahre 1717 nach Berlin kam, logirten Beide im Schlosse Monbijou. Die Tochter Friedrich Wilhelms I., die spätere Markgräfin von Bayreuth, und Baron Pöllnitz haben uns köstliche Schilderungen über diesen „Russenbesuch" am Preußischen Hofe hinterlassen. Darüber weiter unten noch etwas. Schloß Monbijou war nach ihrem Abzuge fast verwüstet.

Am 30. April 1732 sah das Schloß andere Gäste. Die vertriebenen Salzburger wurden bei ihrem Durchzuge durch Berlin von der Königin im Monbijougarten gespeist und reich beschenkt.

Schloß Monbijou, von der Stadtbahn gesehen.
Originalzeichnung von H. Lüders.

Als Friedrich Wilhelm II. zur Regierung kam, ließ er nach Ungers Zeichnungen durch Scheffler die jetzigen Gebäude für seine Gemahlin Friederike Sophie, die Mutter Friedrich Wilhelms III. erbauen.

Unter Friedrich Wilhelm III. residirte der Herzog Carl von Mecklenburg-Strelitz,*) Bruder der Königin Luise hier, bis zu seinem Tode. Varnhagen von Ense charakterisirt den Herzog mit folgenden Worten: „Niemand mochte ihn leiden, er war ehrgeizig, boshaft ohne Charakter, klug ohne höheren Sinn." Man erzählte sich vom Herzoge eine Menge hübscher Geschichten. So wurde auch gern ein Vers citirt, den, wie man sich mittheilte, der Kronprinz (der nachmalige König Friedrich Wilhelm IV.) über seinen Oheim gemacht haben sollte, als dieser sich bei einer Hofvorstellung des Faust in der Rolle des Mephisto durch glänzendes Spiel ausgezeichnet hatte. Der Vers war am Morgen nach der Vorstellung an das Monbijou-Palais angeheftet worden, und lautete:

Als Fürst, als Mensch, als Feldherr schofel,
Doch einzig nur als Mephistophel.

Am 22. September 1837 starb der Herzog nach kurzer Krankheit, und bei seinem Leichenbegängniß kam es zum öffentlichen Skandal. Man brachte Hurrahrufe aus. —

In späteren Jahren wurden die Vordergebäude des Schlosses Monbijou vom Prinzen Adalbert bis zu seinem Umzuge nach dem Admiralitätsgebäude am Leipzigerplatz bewohnt.

In einem Theile des im Garten befindlichen Schlosses befand sich auch das ägyptische Museum und zwar bis zur Ueberführung in das „neue Museum."

Es war damals noch eine recht bescheidene Sammlung, die ein portugiesischer Kaufmann, Namens Passalacqua, in Aegypten gesammelt und Berlin geschenkt hatte. Passalacqua**) und

*) Herzog Karl wurde am 30. November 1787 zu Hannover geboren, erhielt 1815 das Garde Corps, war 1827 Präsident des Staatsraths und starb als General der Infanterie am 22. September 1837. Caroline Bauer hat in ihren Memoiren in den Kapiteln „Herzog Mephisto" viel Interessantes über den Bruder der Königin Louise mitgetheilt.

**) Passalacqua sprach schlecht deutsch und das veranlaßte, wenn er docirte, viele Scherze. So sagte er einmal: „Dieses ist ein wunderschöner Arm von einer Mumie, die mein Araber unschicklicher Weise zerbrochen hat."

Alexander v. Humboldt sorgten für eine stete Erweiterung der Sammlung und bald sollte sich ein Dritter finden, der dazu behilflich war und seinen späteren erfolgreichen Lebensberuf daran knüpfte. Der junge Sohn eines Aufsichtsbeamten des Gartens hing mit Schwärmerei an der ägyptischen Sammlung, er kannte jedes Stück derselben und es gelang ihm, die Aufmerksamkeit und Theilnahme des Direktor Passalacqua zu erregen, der denn mit der Zeit auch Alexander v. Humboldt für den Knaben zu interessiren wußte. Noch ehe er die Universität bezog, hatte der junge Mann seine schriftstellerische Thätigkeit als Primaner des Köllnischen Gymnasiums auf dem Gebiete der Egyptologie begonnen; während seiner Studienzeit gelang es ihm bereits, seinen Arbeiten Beachtung zu verschaffen, und heute, nach häufigem Aufenthalt in Aegypten, welches ihm eine zweite Heimath wurde, gehört er zu den namhaftesten Gelehrten der ägyptischen Forschung. In Aegypten bekleidet er die Würde eines Pascha, in Deutschland ist er als akademischer Lehrer mit Erfolg thätig, und weit über die Grenzen unseres Vaterlandes hinaus schätzt man den Namen Heinrich Brugsch, der jetzt seinen Wohnsitz in unserem freundnachbarlichen Charlottenburg genommen hat.

Im Schloß Monbijou aber befindet sich gegenwärtig das Hohenzollernmuseum, die Schöpfung unseres Kronprinzen. Man regulirt das Spreeufer des Monbijougartens und ist damit beschäftigt, in den Nischen des Stadtbahnkörpers die restaurirten Sandsteinfiguren der Herkulesbrücke, die vormals Monbijoubrücke hieß, aufzustellen. —

Zwei Perioden in der Geschichte dieses hübschen Schlößchens sind besonders interessant. Einmal diejenige, in welcher die Schifferstochter Katharina Ricker, verehelichte Kammerdiener Bidecap, nachherige Gräfin von Kolbe-Wartenberg und Favoritin König Friedrichs I., Besitzerin von Monbijou war; und zu zweit das Jahr 1717.

Von diesem, dem Besuchsjahr der russischen Herrschaften, will ich zunächst erzählen, und zwar, was die Prinzeß Friederike Wilhelmine in ihren Memoiren schreibt:

„Der Czar, der sehr gern reiste, langte von Holland aus hier an. Er hatte zu Cleve verweilen müssen, weil die Czarin dort zu frühzeitig entbunden worden. Da er weder die große Welt noch Ceremonien liebte, so ließ er den König ersuchen, ihn in ein Lusthaus der Königin, das in einer Vorstadt Berlins lag, einzulogiren.

Um den Unordnungen vorzubeugen, welche die Herren Russen an allen andern Orten, wo sie gewohnt, sich hatten zu Schulden kommen lassen, ließ die Königin die Möbel aus dem ganzen Hause wegnehmen und Alles, was nur irgend zerbrechlich war, daraus fortschaffen. Der Czar, seine Gemahlin und ihr ganzer Hof kamen einige Tage später zu Monbijou an. König und Königin empfingen sie am Ufer des Flusses. Der König gab der Czarin die Hand, um ihr aus dem Boot zu helfen. Sobald der Czar ausgeschifft war, reichte er dem König die Hand und sagte: „Ich freue mich sehr, Sie zu sehen, mein Bruder Friedrich." Dann näherte er sich der Königin und wollte sie umarmen, sie wehrte ihn aber ab. Die Czarin begann damit, der Königin die Hand zu küssen, was sie mehrere Male that. Sie stellte ihr dann den Herzog und die Herzogin von Mecklenburg vor, welche sie begleitet hatten und 400 sogenannte Damen, die in ihrem Gefolge waren. Größtentheils waren dies deutsche weibliche Dienstboten, welche die Geschäfte von Damen, Kammerfrauen, Köchinnen und Wäscherinnen verrichteten. Fast jedes dieser Geschöpfe hatte ein reich gekleidetes Kind auf dem Arm und wenn man sie fragte, ob es die ihren wären, so antworteten sie, indem sie Salamalekas auf russische Art machten: „Der Czar hat mir die Ehre erzeigt, mir dieses Kind zu schenken." Die Königin wollte diese Geschöpfe gar nicht grüßen.

Den Czaren sah ich im Schloß. Sobald Letzterer mich sah, erkannte er mich wieder, da er mich bereits vor fünf Jahren gesehen. Er nahm mich auf die Arme und küßte mich so gewaltsam, daß er mir das ganze Gesicht aufrieb. Ich gab ihm Ohrfeigen und wehrte mich, soviel ich nur konnte, indem ich ihm sagte, daß ich diese Vertraulichkeiten nicht wolle und er mich entehre. Er lachte sehr über diese Idee und unterhielt sich lange mit mir.

Man hatte mir meine Rolle vorgeschrieben. Ich sprach mit ihm von seiner Flotte und seinen Eroberungen, was ihn so entzückte, daß er mehrere Male zur Czarin sagte, daß, wenn er ein Kind gleich mir haben könne, er gern eine seiner Provinzen darum gäbe. Die Czarin machte mir auch viele Liebkosungen. Die Königin setzte sich mit ihr unter den Thronhimmel, jede in einen Sessel, ich befand mich neben der Königin und die Prinzessinnen von Geblüt ihr gegenüber.

Die Czarin war klein und untersetzt, sehr braun und ohne Hoheit und Anmuth. Man brauchte sie nur zu sehen, um ihre niedere Herkunft zu errathen. Man hätte nach ihrem Aufputze sie für eine deutsche Komödiantin angesehen. Ihr Kleid war auf dem Trödel gekauft worden, es war ganz altmodisch und mit Silber und Metallschaum überladen. Der Vordertheil ihres Leibchens war mit Edelsteinen geschmückt. Die Anordnung dieser Juwelen war sonderbar. Sie stellten einen Doppeladler vor, dessen Flügel mit den kleinsten, sehr schlecht gefaßten Brillanten garnirt waren. Sie trug ein Dutzend Orden und ebenso viele Heiligenbilder und Reliquien längs des Aufschlags ihres Kleides heruntergeheftet, so daß, wenn sie ging, man einen Maulesel zu hören glaubte. Alle diese Orden, welche an einander klimperten, verursachten ein gleiches Geräusch.

Der Czar dagegen war sehr groß und leidlich gewachsen, sein Gesicht schön, aber seine Physiognomie besaß etwas so Rohes, daß man davor sich fürchtete. Er war als Matrose in ein ganz einfaches Gewand gekleidet. Die Czarin, welche sehr schlecht deutsch sprach und das, was die Königin ihr sagte, nicht gut verstand, ließ ihre Närrin herbeirufen und unterhielt sich mit dieser auf russisch. Dieses arme Geschöpf war eine Fürstin Galitzin und um ihr Leben zu retten, zu diesem Dienste genöthigt. Da sie in eine Verschwörung gegen den Czar verwickelt gewesen, hatte man ihr zweimal die Knute gegeben. Ich weiß nicht, was sie mit der Czarin sprach, aber diese lachte überlaut.

Man setzte sich endlich zu Tisch und der Czar neben die Königin. Es ist bekannt, daß dieser Fürst vergiftet worden war. In seiner Jugend war ihm das feinste Gift auf die Nerven ge=

fallen, weshalb er oft eine Art von Krämpfe bekam, deren er sich nicht erwehren konnte. Dieser Zufall ergriff ihn auch bei Tische. Er bekam einige Zuckungen und da er eben das Messer in der Hand hielt und damit gestikulirte, so gerieth die Königin in Angst und wollte einige Male aufstehen. Der Czar beruhigte sie aber und bat sie, unbesorgt zu sein, da er ihr kein Leid zufügen würde. Zugleich nahm er sie bei der Hand und drückte diese so heftig in der seinen, daß die Königin genöthigt war, Barmherzigkeit zu rufen, worüber er herzlich lachte und zu ihr sagte, sie habe zartere Knochen als seine Katharina. Nach dem Abendessen war Alles zum Balle.

Endlich nach zwei Tagen reiste dieser barbarische Hof wieder ab. Die Königin begab sich sogleich nach Monbijou. Dort herrschte die Zerstörung Jerusalems. Nie habe ich etwas Aehnliches gesehen; Alles war so ruinirt, daß die Königin fast das ganze Haus neu ausbauen lassen mußte."

Soviel über den Russischen Besuch. —

Zum Schluß noch etwas von der früheren Besitzerin „Monbijou's", von der Frau Gräfin Wartenberg.

Sie war aus Emmerich im Herzogthum Cleve gebürtig und die Tochter eines Schiffers Ricker, der in einer Winkelschenke schlechten Wein theuer verkaufte und seine beiden, ziemlich hübschen Töchter in der Schenkstube als Anlockungsmittel für seine Gäste diese bedienen ließ. Auf einer der Reisen des Königs Friedrich I. (als dieser noch Kurfürst war), kam dessen Kammerdiener Bidecap mit seinem Herrn nach Emmerich, hörte von der lustigen Wirthschaft in jener Schenke und besuchte sie. Katharina, die älteste der beiden Schwestern, gefiel ihm, er verliebte sich in sie und heirathete sie.

So gelangte die künftige allmächtige Favorite des Königs, unscheinbar genug, auf einem Packwagen zusammen mit dem zahlreichen Dienertrosse des Kurfürsten nach Berlin.

Aus einer alten Rechnung über die Besoldungen und Accidenzien des kurfürstlichen Hofstaates geht hervor, daß Bidecap im

Jahre 1689 der sechste unter den Kammerdienern mit 400 Thalern gleich den übrigen auf dem Hofetat angesetzt war und außerdem für drei Pferde Futter erhielt. Die junge Wirthschaft mag also im Anfange ziemlich bescheiden ausgesehen haben, sollte aber bald genug glänzender werden, denn der kurfürstliche Kämmerer, das heißt, Kammerjunker von Kolbe, lernte die junge Frau kennen und protegirte ihren Gatten, der indessen sehr bald den Grund dieser Protektion errieth und seiner Frau ernstliche Vorstellungen deswegen machte.

Katharina, früh an ein ungebundenes selbstständiges Leben gewöhnt, erklärte ihrem Manne, daß Herr von Kolbe ihr besser gefalle, als er, und daß sie nicht gesonnen sei, sich in ihren Neigungen Fesseln von ihm anlegen zu lassen. Die Nachrichten aus dieser ersten Zeit ihres Aufenthaltes in Berlin sind außerordentlich dürftig, es läßt sich also wenig mehr darüber sagen, als daß ein sonderbares Verhältniß zwischen diesen drei Personen bestanden haben muß, da Bidecap sich nicht von seiner Frau trennte, und zwei Kinder derselben, ein Knabe und ein Mädchen, als Bidecap starb, von dem Kämmerer von Kolbe als die seinigen anerkannt und später vom Kurfürsten — aller Wahrscheinlichkeit nach waren es die Kinder des Kurfürsten — unter dem Namen derer von Aspach in den Reichsfreiherrlichen Stand erhoben wurden.

Schon vor dem Tode seines Kammerdieners hatte nämlich auch der Kurfürst bei mehreren Gelegenheiten ein besonderes Wohlgefallen an dessen junger Frau bezeigt, und von Kolbe dies sehr wohl bemerkt, auch sofort darauf seinen Plan gebaut, durch sie sein Glück zu machen. So kam es denn, daß Frau Bidecap nach dem Tode ihres Mannes bei Hofe blieb und zwar als die sofort erklärte Braut des Kämmerers, bis nach kaum vergangenem Trauerjahre ihre Verheirathung erfolgte, und nun die Schifferstochter aus Emmerich es schon bis zur Frau Kämmerer von Kolbe gebracht hatte.

Ueber das eigenthümliche Verhältniß, welches schon während des Trauerjahres, ja nach einigen schon bei Lebzeiten Bidecaps zwischen dem Kurfürsten und der Frau seines Kammerdieners obgewaltet, sind die Meinungen sehr verschieden, jedenfalls kann es nur in jener Zeit und jener Umgebung ganz verstanden werden. Allerdings war die Bevorzugung, welche der Kurfürst ihr angedeihen ließ, und der Einfluß, den er ihr auf viele Verhältnisse des Hofes gestattete, so offenkundig und auffällig, daß der Glaube viel Wahrscheinlichkeit für sich hat, welcher ein vertrautes Verhältniß zwischen dem Kurfürsten und seiner Kammerdienerin annimmt. Anscheinend bestätigt wird dies auch durch die Abneigung der Königin Sophie Charlotte gegen sie, welche nie dahin zu bringen war, diese Frau in ihrem Schlosse Lietzenburg (Charlottenburg) zu empfangen. Anderweitig wird behauptet, daß der schlaue und den Neigungen seines Herrn schmeichelnde Kolbe, den Kurfürsten überredet, da Ludwig XIV., dieses Vorbild Friedrich's, mehrere Favoritinnen gehabt, so müsse ein wahrhaft mächtiger und großer Fürst auch wenigstens eine haben, wenn es auch, — wie sich überdies bei der tugendhaften Gesinnung des Kurfürsten von selbst verstehe, — nur eine Titular-Favorite sei, wogegen Niemand etwas haben könne. Würde diese Stelle bei Hofe aber geschaffen, so eigne sich wohl Niemand besser dazu, als die Frau Kammerdienerin, auf der ja das Auge des Herrn mit Wohlgefallen ruhe. So mag es denn gekommen sein, daß diese Frau, die weder hervorragend schön noch geistreich, aber schlau und unterhaltend war, durch den Schein zu einer Wirklichkeit gelangte, für die man in der Geschichte des Preußischen Hofes vergebens nach einem zweiten Beispiel sucht. Als nun von Kolbe durch Vermittlung des Kurfürsten beim Kaiser in den Reichsgrafenstand erhoben wurde, kannte der Stolz und die Ueberhebung der neuen Reichsgräfin von Wartenberg keine Grenzen mehr und im Verein mit ihrem Gatten strebte sie dahin, eine unbedingte erste Stelle bei Hofe einzunehmen, für welche ihnen vor der Hand noch der Minister von Dankelmann im Wege stand.

Dankelmann stürzte, und Graf Wartenberg galt von dieser Zeit an für den „eigentlichen König von Preußen“.

Eine so außerordentliche und ungerechtfertigte Stellung konnte nicht ohne Feinde und Neider bleiben. Es war schwer, dem Grafen von Wartenberg beizukommen, denn unstreitig hatte er Vieles dazu beigetragen, daß der Lieblingswunsch seines Herrn — die Erlangung der Königskrone — sich erfüllte. Sehen wir ihn doch bei der Krönung in Königsberg fast als Hauptperson neben dem Könige und als ersten Ritter des schwarzen Adlerordens! Dessenungeachtet bildete sich zuerst im Jahre 1702 eine kleine Verschwörung gegen ihn, und zwar unter den Grafen Dohna, Lottum (Ober-Marschall), Dönhof (General-Commissarius) und dem Hof-Marschall von Wensen, die in der Königin und den Brüdern des Königs Ermuthigung und Unterstützung fanden; von Wensen war zwar der Unternehmendste, aber keineswegs der Geschickteste unter den Verschworenen, wurde aber dessenungeachtet dazu ausersehen, die erste Bresche in das unbedingte Vertrauen des Königs zu seinem Oberst-Kämmerer zu legen. Als Graf Dohna Besorgnisse wegen der Ungeschicklichkeit von Wensen's aussprach, soll Graf Dönhof das Bedenken mit der Aeußerung beschwichtigt haben, „man müsse dem Glücke auch einmal einen Ochsen opfern,“ was entweder eine ungemeine zwanglose Unterhaltungsform unter den obersten Hofchargen damaliger Zeit oder eine Ahnung von der Erfolglosigkeit der Wensenschen Initiative bedeuten würde. Bezeichnend für die Bereitwilligkeit des Hofmarschalls von Wensen, gegen den Grafen von Wartenberg aufzutreten, ist es jedenfalls, daß er dem Oberst-Kämmerer überhaupt seinen Hofmarschallposten verdankte und nur deshalb zu seinem Ankläger werden wollte, weil er hoffte, selbst in dessen dann erledigte Stelle einrücken zu können.

Der Anschlag mißlang. Alle die oben Erwähnten fielen bei dem Könige in Ungnade.

Eigentlich war diese fehlgeschlagene Conspiration weniger gegen den Grafen, als gegen die Gräfin von Wartenberg gerichtet gewesen, die in ihrem Stolze und ihrem Hochmuthe selbst gegen die Mitglieder der ältesten adeligen Familien und gegen diese absichtlich noch mehr, als gegen andere, sich gar nicht mehr zu lassen wußte. Was sich nur ersinnen ließ, die anderen Damen des Hofes zu demüthigen und herabzusetzen, wurde hervorgesucht, denn sie wollte jede Erinnerung an ihr Herkommen, wenigstens jede hörbare zum Schweigen bringen. Darum hatten ihr aber auch gerade die Damen unversöhnlichen Haß und Rache geschworen, und man suchte eifrig Gelegenheit, die Uebermüthige zu stürzen, aber lange vergebens. Ja als 1705 die Königin Sophie Charlotte starb, schien jede Hoffnung dazu zu schwinden, denn nun hielt die Gräfin Kolbe von Wartenberg, verwittwete Bidecap, geborene Ricker, förmlich selbst Hof und machte in Gegenwart des Königs die Honneurs. Sobald es die Trauerzeit nur irgend mit Anstand erlaubte, zog sie in das Litzenburger Schloß, welches bekanntlich nun erst den Namen Charlottenburg erhielt.

Eine bittere Feindin der Gräfin bei Hofe war die Kronprinzeß Sophie Dorothea, welche ihre Gesinnungen gegen die Gräfin auf keine Weise verbarg. Eine solche Gegnerin aber konnte der verwöhnten Favoritin doch Besorgnisse einflößen und sie dachte auch sofort auf Mittel, diese neue Gefahr zu paralysiren.

Diese wurden denn auch in der dritten Vermählung des Königs mit der Prinzessin Luise Sophia von Mecklenburg gefunden, natürlich nicht ohne vorher die genauesten Erkundigungen eingezogen zu haben, ob der Charakter der Prinzessin eine Fortdauer der bevorzugten Stellung hoffen ließ, welche Gräfin Wartenberg auch der neuen Königin gegenüber aufrecht zu erhalten entschlossen war. Sie müssen wohl ermuthigend gelautet haben, denn die Vermählung fand statt und von dem Augenblicke an war die Kronprinzessin auch nicht mehr die erste Dame am Königlichen Hofe.

Aber weit entfernt, sich mit der neuen jungen Königin auf guten Fuß zu stellen, hielt es die Gräfin, durch alle bisherigen Erfolge verwöhnt, für besser, auch diese ihr Uebergewicht fühlen zu lassen und fand auch jetzt noch Unterstützung beim Könige, der sich nun einmal an die Unterhaltung mit seiner ehemaligen Kammerdienerin gewöhnt hatte und bei zunehmendem Alter ungern von seinen Gewohnheiten ließ. Aber allzuscharf macht schartig. Königin Luise Sophia empfand täglich mehr die Beleidigung, welche für sie in diesem Verhältnisse der Gräfin zum Könige lag und ertrug nur, weil sie mußte, das unwürdige Joch derselben.

So ging es bis zum Jahre 1710, wo endlich die Macht der Favoritin, ohne alle Intrigue, ohne jeden angelegten Plan, durch ihr eigenes unverschämtes Betragen plötzlich und von allen Seiten unvermuthet gebrochen wurde.

Die Königin hatte sie 1710 während einer Reise des Königs zur Leipziger Neujahrsmesse, wo er mit dem König von Polen zusammentraf, eingeladen, nebst mehreren anderen Damen an einer Arbeit, einem Geschenk für den König, Theil zu nehmen. Die Wartenberg ließ sich nun hier in der Königin Zimmer von ihrem eigenen Kammerdiener Kaffee serviren.

Als die Königin, hierüber aufgebracht, ihr die Weisung gab, das Zimmer zu verlassen, und sich nie wieder vor ihr blicken zu lassen, brach sie in ein helles Gelächter aus und rief: „das möchte sie doch einmal sehen!"

Da rief die Königin ihre Leute herbei, und drohte, die Gräfin zum Fenster hinaus werfen zu lassen, worauf sich diese zurückzog.

Als der König zurückkam, und die Königin sich bei ihm beklagte, erklärte er zwar, daß er den Stolz der Gräfin schon zu demüthigen wissen werde, aber er ließ es vor der Hand bei der Abbitte bewenden.

Da thaten sich der Kronprinz, Grumbkow mit Ilgen, ferner zwei Herren von Kamecke zusammen, drangen in den König und veranlaßten die Abdankung des Grafen Wartenberg und die Verhaftung des Grafen Wittgenstein, einer Creatur des Grafen Wartenberg.

Am Tage der Abführung Wittgensteins nach Spandau erschien der Minister von Ilgen auch bei dem Grafen Wartenberg, forderte ihm im Namen des Königs die Siegel ab und kündigte ihm an, daß er sich von nun an in nichts zu mischen habe.

Wartenberg erhielt Befehl, daß er mit seiner übermüthigen Gemahlin nach dem einzigen Gute, das er in Preußen hatte, Woltersdorf, überzusiedeln habe. Er gehorchte und begab sich dahin am 2. Januar 1711.

Von dort reiste er über Dresden nach Frankfurt a. M.

Vorher schrieb er dem Könige und bat ihn, sein Gut Woltersdorf, den Garten Monbijou samt dem Palais mit dem Porzellankabinet der Gräfin von ihm annehmen zu wollen.

Der König antwortete, daß er die Schenkung zwar annehmen, aber ihm den wahren Werth bezahlen wolle. Wartenberg erhielt außerdem eine Pension von 24,000 Thaler jährlich, die nach seinem Tode auf seine Gemahlin übergehen sollte.

Schon 1¼ Jahr nach seinem Sturze, im März 1712, starb Graf Kolbe-Wartenberg in der Verbannung zu Frankfurt a. M. Seine Leiche wurde nach Berlin überführt, und ruht heutigen Tags noch in der „Parochialkirche.“

Die Gräfin Wartenberg, die ehemalige Besitzerin von Monbijou, lernte 1713 in Utrecht den französischen Gesandten Marschall d'Huxelles kennen, durch den sie zu einer neuen Heimath in Paris kam.

„Die Gräfin von Wartenberg“ — schreibt die Herzogin von Orleans am 18. Juli 1715 — „ist noch zu Paris, und führt ein toll Leben. Ich habe sie nie gesehen, sie kommt nicht mehr nach Hof. Sie hat sich mit einem jungen Minkwitz, einem Sachsen versprochen, der hat ihr alle Juwelen gestohlen und ist mit durchgegangen. Keine ehrliche Dame sieht sie mehr.“

Als König Friedrich Wilhelm I. den Thron bestieg, wurde die Pension der Gräfin nicht mehr bezahlt. Sie liebte die Abwechselung in ihren Liebes-Aventiuren und behauptete von sich, „daß man eher die Muscheln am Strand von Scheveningen zählen könne, als ihre galanten Abenteuer.“

Zuletzt lebte sie im Haag, diese Löwin des 18. Jahrhunderts und starb dort 1734, sechzig Jahre alt. Ihr Ende war dürftig und verachtet.

Soviel von der ehemaligen Herrin des Schlosses Monbijou, der Emmericher Schifferstochter und Favoritin des ersten Preußischen Königs.

Von dem alten Hohenzollern-Palais und seinen vielen, vielen Erinnerungen führt uns die Stadtbahn weiter über die kleine Präsidentenstraße mitten in den hauptstädtischen Trubel, nach dem

„Bahnhof Börse.“ Von diesem Bahnhof aus sollte eine Straße nach Südost, an der Westseite der Garnisonkirche vorbei nach der Neuen Friedrichstraße geschaffen werden, das wäre eine direkte Weiterführung der Spandauerstraße zum „Bahnhof Börse.“

Viertes Kapitel.

Die Entstehung der Spandauer Vorstadt. — Woher der Hacke'sche Markt den Namen erhielt. — Das Haus Neue Promenade Nr. 3 und die Dichterin Karschin. — Eine berühmte Pulverexplosion und die Garnisonkirche. — Die Börse. — Sechserbrücke und Kaiserwilhelmstraße. — Interessante Häuser der Neuen Friedrichstraße und das Königstädtische Theater.

Der Stadtbahnhof „Börse“ steht auf dem Terrain des alten Festungsgrabens, und was westlich, nördlich und östlich von ihm liegt, gehört zur „Spandauer Vorstadt,“ die man wohl auch sonst nach der dritten Gemahlin Friedrichs I. die „Sophienstadt“ genannt hat.

Eine Ansiedelung vor den Thoren war im Mittelalter infolge der Unsicherheit, welche das Fehdewesen des Adels herbeiführte, unmöglich. Kaum wagte man es, die städtischen Viehheerden ohne bewaffneten Schutz auf die Weide gehen zu lassen und erst im Laufe des 16. Jahrhunderts errichtete man Wohnungen auch vor den Thoren. Es entstanden damals alle die Meiereien, Schäfereien und Weinberge, ferner die Holzmärkte und Ziegeleien, deren Terrains heute meist noch zu erkennen sind, und deren Namen sich zum Theil erhalten haben.

Aus dem alten Spandauer Thore führten die Landstraßen nach Spandow, Hamburg und Rosenthal, aus dem Königs-Thore nach Schönhausen, Prenzlau, Bernau und Landsberg, aus dem Stralauer Thore nach Frankfurt a. O. und nach Stralow. Die Namen der alten Landstraßen haben sich zum Theil in unseren heutigen Straßennamen erhalten, wenn auch die alten Wege mit den heutigen Straßenzügen gleichen Namens nicht immer zusammenfallen.

Bilder von der Stadtbah

Blick auf die Stadtbahnbrücke von der Brücke, welche zur Kunstausstel
Schloß mit Petrikirche. Ir

lzeichnung von D. Bendheim.

Links ein Stück vom Packhofe, Museum, im Hintergrunde Lustgarten und
de rechts Artillerieschmiede rc.

So lief z. B. die alte Spandauer Heerstraße im Zuge der heutigen Oranienburgerstraße; die alten Wege nach Hamburg und Rosenthal im Zuge der heute noch so genannten Straßen; der alte Weg nach Schönhausen östlich von der heutigen Grenadierstraße; die Straße nach Bernau in der Richtung der heutigen Neuen Königsstraße; die Straße nach Landsberg wie heute noch und die Straße nach Frankfurt a. O. im Zuge der heutigen Blumenstraße. Denn die heutige Frankfurterstraße war nur ein Seitenweg nach Frankfurt, der bei der Georgenkirche von der alten Landsberger Heerstraße am „Rabensteine," dem Hofgerichte vorbei, zur alten Frankfurterstraße abbog.

Von bedeutenden Folgen für die Vorstädte war der Entschluß des großen Kurfürsten, Berlin und Cöln zu einer Festung einzurichten. Im Jahre 1658 begann dieser Bau (s. Illustr. S. 56), nach dessen Beendigung die Vorstädte so vollständig umgestaltet waren, daß man sie kaum wieder zu erkennen vermochte. Die zunächst der Stadt befindlich gewesenen Gärten, Häuser und Verbindungswege wurden in die Festungswerke hereingezogen; das alte Spandauer Thor wurde weiter hinausgerückt und nach der heutigen Spandauer Brücke verlegt, und auch das Georgen- und Stralauer Thor erhielten einen entfernteren Standpunkt. Nach einer solchen Veränderung der Stadtthore war auch für die älteren Landstraßen und Verbindungswege eine solche nothwendig geworden, da diese mit den neuen Thoren keinen Zusammenhang hatten.

Die alte Landstraße in der Gegend des Monbijougartens, und die zunächst belegenen kleinen Gärten wurden theils zum kurfürstlichen Vorwerk geschlagen, theils aber zu neuen Verbindungsstraßen und Baustellen verwandt. Vom neuen Spandauer Thore wurden durch die Gärten, in der Gegend des Hacke'schen Markts, neue Straßen gebrochen, um zu den alten Heerstraßen zu gelangen, und in gleicher Art verfuhr man vor dem neuen Georgen-Thore (Königs-Thore), wo die Besitzungen des großen Kurfürsten eine planmäßigere Straßenlegung und Bebauung möglich machten, die aber erst unter seinem Nachfolger vollständig zur Ausführung gebracht werden konnten.

Die Börse.

Die Bebauung der „Spandauer Vorstadt“, um 1690 etwa begonnen, datirt recht eigentlich erst vom Jahre 1750. Vorher waren wohl durch Generalfeldmarschall von Barfuß die Mehrzahl der Straßen abgesteckt worden — so die Linienstraße schon 1705, die Auguststraße schon 1708, ja die Rosenthalerstraße sogar schon 1658 —, aber die Bebauung erfolgte nur sehr allmälig und meist erst in der zweiten Hälfte des vorigen Jahrhunderts, wie schon erwähnt, von 1750 etwa an.

In diesem Jahre wurde z. B. die Herkulesbrücke an der Stelle des alten Wehrs angelegt, das hundert Jahre früher, bei dem Befestigungsbau des Jahres 1658, hier errichtet war. In demselben Jahre entstand die Bebauung des Hacke'schen Marktes (so benannt nach dem Kommandanten, Generallieutnant Grafen von Hacke) und die der „Neuen Promenade“, die vordem bis zum Jahre 1840 die „alte Kommandantenstraße“ hieß.

Insbesondere die letztere Straße und der Hacke'sche Markt sind es, die wir außer der 1705 angelegten kleinen Gasse „am Zwirngraben“ vom Stadtbahnhof „Börse“ schauen, und mit einigen früheren Bewohnern derselben wollen wir uns noch beschäftigen, daneben auch mit dem Manne, der dem Markte den Namen gab.

Johann Christoph Friedrich von Hacke, Hofjägermeister und Generaladjutant des Soldatenkönigs, wurde bei Friedrichs des Großen Thronbesteigung in den Grafenstand erhoben. Er war schon 1715 bei den langen Grenadieren in Potsdam eingetreten und stand bei Friedrich Wilhelm I. in höchster Gunst. Der König schenkte ihm und dem alten Dessauer noch auf seinem Todtenbette schöne Pferde. Früher, 1732 hatte er ihm auch eine reiche Frau geschenkt, Sophie Albertine, die einzige Erbtochter des Ministers von Creutz.

Dieser Staatsminister, ein Amtmannssohn, Auditeur, dann Privatsecretair und Hofkammerrath des Königs, stand bei diesem in höchster Gunst schon seit der Zeit, da der König noch Kronprinz war. Er war durch seine Frau, die Tochter des Geheimraths von Häseler, ein reicher Mann und machte in seinem Palais in der Klosterstraße ein großes Haus. Seine einzige Erbtochter hatte er mit dem sächsischen Geheimrath Grafen Lynar versprochen, aber der König that Einspruch, daß die reiche Erbin außer Landes verheirathet werde, und bestimmte, daß sie seinen Liebling, den langen Hacke heirathen mußte. Lange wollte der Minister nichts davon wissen, er bot Hacke 20,000 Thaler Abstandsgeld; da dieser das Geld ausschlug, und der König erklärte, er würde dem Minister seinen ganzen Reichthum abnehmen, fügte dieser wie die Braut sich in die Nothwendigkeit.

Herr von Hacke war nun, da Creutz 1733 starb, ein reicher Mann, Besitzer der großen Güter Pencun bei Stettin, Radewitz &c. in der Uckermark, und seine Ehe wurde mit neun Kindern gesegnet, mit vier Töchtern und fünf Söhnen, von denen der vierte, Graf Friedrich Wilhelm die Familie bis auf unsere Tage fortpflanzte. Der Generaladjutant von Hacke war auch der Erste, der den von Friedrich II. gestifteten Orden pour le mérite trug, und starb als Generallieutnant und Kommandant von Berlin und als Ritter des Schwarzen Adlerordens anno 1754.

Die Erzählung von einem Unglücksfall, der ihm einmal auf der Jagd passirte, hat sich bis auf den heutigen Tag erhalten, und zwar durch Pöllnitz.

Bei einer in Pommern durch den Soldatenkönig abgehaltenen Saujagd brach dem Generaladjutanten von Hacke beim „Annehmen" eines tüchtigen Keilers auf der Brust desselben das Fangeisen ab.

Um sich zu retten, stellte Hacke sich breit wie der Koloß zu Rhodus hin, um das Thier durchrennen zu lassen. Es nahm ihn aber mit, und der kolossale Mann, verkehrt auf der Sau sitzend, den Schweineschwanz in den Händen, und in wilder Hast davon jagend, schrie laut um Hülfe.

Der Oberstlieutenant von Münchow wollte dem Thiere die Seite durchbohren, traf aber die Wade Hacke's. Endlich packten Hunde den Keiler und erlösten den langen Adjutanten von seinem seltsamen Reitthiere.

Die Geschichte dieses Rittes hat der Generaladjutant im Tabakskollegium öfters mit anhören müssen.

Die „alte Kommandantenstraße", die heutige „Neue Promenade," erhielt, wie schon erwähnt, von diesem Manne, der Berlins Kommandant war, ebenfalls ihren Namen.

Nr. 10 dieser Straße war einst die Wohnung Fichte's und gehörte später den Banquiers Gebrüder Veit. Simon Veit war der Schwiegersohn Moses Mendelsohn's gewesen, seine Frau ging später mit Wilhelm von Schlegel durch, wurde dessen Gattin und wurde weiterhin von ihrem ersten Manne unterstützt.

In Nr. 3 der „Neuen Promenade", gerade dem Bahnhof „Börse" gegenüber, an der Ecke des Hacke'schen Marktes, lebte die Dichterin Karschin von 1787 bis zu ihrem Tode.

Anna Luise Karschin.

Im Schatten junger Linden, unweit des Eingangs der Sophienkirche ist ihre Ruhestätte, und eine der Kirchenmauer eingefügte Marmortafel enthält die schlichten Worte:

Hier ruht Anna Luise Karschin.
Kennst Du Wandrer sie nicht,
So lerne sie kennen.

Ich möchte die letzten beiden Zeilen allen Lesern zurufen und insbesondere den Leserinnen. Die Schicksale dieser außergewöhnlichen Frau sind oft erzählt worden, in Romanen und Novellen, am schönsten aber von ihrer Enkelin Helmine von Chézy. Die Lebensgeschichte der Karschin bedarf jedoch nicht des Aufputzes, den Roman und Novelle ihr geben, sie ist durch sich selbst schön, sie duftet und entzückt wie eine Blume des Waldes.

„Ich ward geboren ohne feierliche Bitte
Des Kirchspiels, ohne Priesterflehn
Hab' ich in strohbedeckter Hütte
Das erste Tageslicht gesehn.

Wuchs unter Lämmerchen und Tauben
Und Ziegen bis in's fünfte Jahr,
Und lernt' an einen Schöpfer glauben,
Weil's Morgenroth so lieblich war.

So grün der Wald, so bunt die Wiesen,
So klar und silberhell der Bach,
Die Lerche sang für Belloisen
Und Belloise sang ihr nach —

so beginnt sie selbst die poetische Erzählung ihres Lebens.

Ich will einmal die Lebensgeschichte dieser wunderbaren Frau ausführlicher erzählen, hier auf dieser lärmenden Eisenbahnfahrt ist nicht der Platz dafür. Nur die ganz oberflächlichen Daten möchte ich erwähnen.

Die Dichterin wurde am 1. Dezember 1722 in einer nahe der niederschlesischen Grenze gelegenen Meierei, „der Hammer" genannt und zwischen Krossen und Züllichau gelegen, geboren. Ihr Vater war der Pächter Dürrbach, ihre Mutter die Tochter des Amtsförsters Kuchel.

Anna Luise Dürrbach war zweimal unglücklich verheirathet, das erste Mal mit einem schlechten Manne aus Schwiebus, Namens Hiersekorn, das zweite Mal mit Karsch. Sie selbst schreibt darüber in ihrer natürlichen Weise:

„Ward früh in's Ehejoch gespannt,
Trug's zweimal nach einander schwer,
Und hätte mich wohl nicht ermannt,
Wenn's nicht den Musen eigen wär',

Im Unglück und in bittren Stunden
Dem beizustehn, der ihre Huld
Von der Geburt schon hat empfunden.
Sie gaben mir — Muth und Geduld.

Und lehreten mich Lieder dichten,
Mit kleinen Kindern auf dem Schooß,
Bei Weib- und Magd- und Mutterpflichten,
Bei manchem Kummer schwer und groß.

Sie ertrug schweigend die Rohheiten ihrer Umgebung, und sang dann wie eine Lerche wieder frisch darauf los, wenn der kleinste Sonnenstrahl ihr Leben beschien.

Bekannt ist, wie Friedrich II. freiwillig ihr versprach, daß er ihr Leben sorglos machen wolle, und — — wie er's vergaß. Wie er ihr zweihundert Thaler jährlich versprach und zwei Thaler sandte und wie die Karschin dem sparsamen Monarchen dieselben mit dem Spruche zurückgab:

Zwei Thaler giebt kein großer König,
Denn sie erhöhen nicht mein Glück.
Nein sie erniedern mich ein wenig,
Drum send' ich sie zurück.

Der geizige Herr von Sanssouci soll von Herzen darüber gelacht haben, so sagt man. Ob von Herzen? Als Friedrich gestorben, und als alle Freunde der Karschin diese aufmunterten, sich eine Gnade von König Friedrich Wilhelm II. zu erbitten, da weigerte sie sich dessen. Als aber ihr liebevolles Herz, stets bereit zu Rath und Hülfe, eine Fürbitte für eine Andere, für die Wittwe eines verdienstvollen Mannes wagte, und sich an den König durch Fräulein von Vieregg wandte, die damals Oberhofmeisterin der Prinzessin Friederike war, da wurde sie abgewiesen, „weil" — wie Fräulein von Vieregg sagte — „der Ausgaben des Königs zu viele seien, denn Seine Majestät bezahlen alle Schulden des verstorbenen Königs."

„Alle Schulden? Alle?" rief die Dichterin ihr zu, „beim Himmel! Dann haben Seine Majestät mir auch eine Schuld zu bezahlen. Sein Oheim hat mir vor 24 Jahren eine Versorgung versprochen. Man versicherte mir eine jährliche Pension von zweihundert Thalern. Hätte ich die Summe von vierundzwanzig Jahren zu heben, so wäre es schon ein Kapital, wofür ich mir ein Häuschen kaufen könnte."

„Gut," antwortete die Oberhofmeisterin, „setzen Sie das Anliegen auf."

Die Dichterin ließ sich das nicht zweimal sagen, sie lief nach ihrer kleinen Behausung, die damals in Neu-Cölln (unweit der Zuckersiederei) lag, und schrieb eine poetische Schuldforderung an den König, die sie der Prinzessin Friederike gab.

Die Prinzessin las das Schreiben ihrem Vater vor, der es lächelnd einsteckte, und seinen Minister Wöllner beauftragte, der Dichterin in der Kommandantenstraße Nr. 3 (jetzt Neue Promenade) ein Haus zu bauen.

In diesem Hause, das vor dem Umbau an der Front einige Geniusköpfchen mit Flügeln hatte, starb sie am 12. Oktober 1791.

Vom Bahnhof „Börse" haben wir einen prächtigen Einblick in die Gärten, die hinter der „Garnisonkirche" liegen, darüber weg blicken die Thürme von St. Marien und des Berliner Rathhauses.

Die „Berliner Garnisonkirche" steht hier in ihrer jetzigen Gestalt seit dem Jahre 1722. Im 17. Jahrhundert hatte die Berliner Garnison ihren Gottesdienst in dem Hospitale zum heiligen Geiste. König Friedrich I. ließ aber schon 1701 in einem Bollwerke nahe dem Spandauer Thore nach Grünbergs Angaben eine Garnisonkirche bauen, die durch eine Explosion des in der Nähe gelegenen Pulverthurms gänzlich zerstört wurde.

Friedrich Wilhelm I. ließ, wie schon erwähnt, 1720—22 an der alten Stelle das heute noch stehende Gebäude aufführen, dessen Taufstein aus der früheren Kirche stammt. Sie hat 8 Thüren und keinen Thurm.

Die Berliner Pulverthurmsexplosion fand am 12. August 1720 statt.

Am Ende der Spandauerstraße stand ein alter Pulverthurm, welcher abgebrochen werden sollte. Man war an dem eben genannten Tage damit beschäftigt, die Pulvervorräthe wegzuschaffen, als aus niemals ermitteltem Grunde eine furchtbare Explosion stattfand. Die ganze Gegend wurde mit den Trümmern des Thurmes bedeckt, die Garnisonkirche zerstört, viele Nachbarhäuser stürzten ein, und selbst in dem ziemlich entfernten Königlichen Schlosse und im Zeughause war die Erschütterung so groß, daß sämmtliche Fensterscheiben zersprangen.

Eine bedeutende Anzahl Menschen verlor bei dieser Explosion das Leben. Außer den 19 Artilleristen, welche im Pulverthurm selbst sich befanden, wurden 36 Kinder, welche sich gerade in der Garnisonschule aufhielten, und eine Menge von Bürgern, im Ganzen 76 Personen getödtet.

Der König selbst entkam durch einen Zufall dem fast sicheren

Tode. Er befand sich gerade auf der Wachparade und hatte die Absicht, die Arbeiten im Pulverthurm zu besichtigen. Gegen seine Gewohnheit verzögerte er den Spaziergang und wurde dadurch gerettet. —

„Bahnhof Börse" hat natürlich seinen Namen von dem „Giftbaum" erhalten, der wenige hundert Schritte südlich an der Ecke der Burg- und Neuen Friedrichstraße von Meister Hitzig errichtet wurde und gegenwärtig einen ansehnlichen Ausbau erhält. (S. Illustr. S. 75.)

Im September 1863 war's, als in Gegenwart des Königs und Kronprinzen der jetzige Bau eingeweiht wurde, den der Geheimebaurath Hitzig, der Sieger einer für den Bau des Börsengebäudes zusammengerufenen Preiskonkurrenz, geschaffen hatte.

Die Geschichte der Börse und ihrer zu verschiedenen Zeiten tonangebenden Persönlichkeiten ist ein hochinteressantes Thema. Was läßt sich nicht erzählen von den Zeiten, da die Börse noch am Mühlendamme lag und die Splittgerber die Ersten waren, dann, wie dieselbe in das „Königliche Lusthaus" in den Lustgarten verlegt wurde und neben den Gebr. Schickler (David Splittgerber sel. Erben) noch Friedrich Wilhelm Schütze in der Spandauerstraße, Walter von Asten sel. Erben & Comp., Anhalt & Wagner, Daniel Itzig in der Burgstraße (ein Vorfahr des Baumeisters Hitzig), Sigmund und Christian von der Lahr in der Breiten Straße die ersten Börsenleute waren.

Die Gebr. Schickler waren Dav. Splittgerbers selige Erben geworden, denn sie hatten zwei „Fräulein Splittgerberinnen" gefreit, und das ging so zu:

Die Gebrüder Schickler, deren Nachkommen heute als reiche Barone ihr Geld in Paris verzehren, waren arme Commis im Geschäfte von David Splittgerber, und die beiden Töchter des Letzteren zeichneten sich durch eine stattliche Größe aus.

Dies hatte außer vielen Anderen auch König Friedrich Wilhelm I. bemerkt und im Stillen beschlossen, die langen Mädel zur Erzeugung einer guten Race mit zweien seiner langen Grenadiere zu copuliren.

Davon aber hatte David Splittgerber Wind bekommen, und, kurz entschlossen, holte er sich seine zwei Commis Schickler, fragte sie kurz, ob sie seine Schwiegersöhne werden wollten und ließ das feierliche Verlöbniß durch Pastors Hand noch an demselben Abend vornehmen.

Der Soldatenkönig hatte das Nachsehen und die Nachkommen der armen Commis Schickler wurden die reichsten Leute Berlins. —

Das spielte im vorigen Jahrhundert. Dann wurde das alte Königliche Lusthaus niedergerissen und ein neues Börsengebäude zu Anfang dieses Jahrhunderts an der alten Stelle errichtet, so wie es heute noch hier steht und wie es 1805 eingeweiht wurde. Dahinein zog die Fondsbörse, während die Getreidebörse im alten Pommeranzenhause auf der Museumsinsel, der späteren „Gesundheitsgeschirr-Niederlage", ihr Domicil aufschlug.

Neben Gebr. Schickler, Anhalt & Wagner, Fetschow & Söhne, Mendelssohn & Fränkel (wie damals die Firma hieß) und Gebr. Arons war es vor allem Carl Wilh. Jacob Schultze (der schwarze oder Kälber-Schultze), aus dessen Hause die alten Geschäfte Breest & Gelpke, Engelhard und Jacquier & Securius stammen, der den Ton angab und am „Werderschen Markte", dort, wo jetzt Gerson herrscht, sein Geschäft hatte.

Die Börse hatte damals nicht die Ausdehnung wie heute. Nur an drei Tagen der Woche, am Montag, Mittwoch und Freitag wurde von den Maklern ein Courszettel ausgegeben. Der Name eines damaligen Maklers Benda ist vielleicht einigen unserer Leser noch bekannt. Er hieß auch „Kreuz-Benda", weil er die Feldzüge von 1813—1815 mitgemacht und das eiserne Kreuz erworben hatte; man nannte ihn aber auch Benda-Anonom.

Und zwar deswegen:

Papa Wrangel, damals noch ein strammer General, hat einmal für irgend welchen mildthätigen Zweck eine Sammlung in die Hand genommen. Auch Kreuz-Benda betheiligte sich mit 50 Thalern daran, „aber anonym", wie er dem General sagen ließ. In den bald darauf veröffentlichten Listen figurirte nun ein Herr „Benda-Anonom" mit 50 Thalern. Das gute Fremdwort anonym war nicht in Papa Wrangel's Garten gewachsen.

Heute giebt wohl das große Bankhaus S. Bleichröder mitsammt den größten Bankinstituten, der Disconto-Commanditgesellschaft und der Deutschen Bank, den Ton an der Berliner Börse an.

Dieses bedeutendste Berliner Bankhaus, dessen Chefs gegenwärtig die Herren G. von Bleichröder und Schwabach sind, ist 1803 von Samuel Bleichröder, der in Berlin 1779 geboren war, begründet worden, und zwar in der Rosenthalerstraße 44. Eine gewisse Bedeutung gewann dieses aus kleinsten Anfängen hervorgegangene Bankgeschäft im Jahre 1829, als die Rothschild'schen Häuser in Frankfurt a. M., Paris, London, Neapel und Wien demselben ihre sämmtlichen großen Ordres zur Effektuirung übertrugen.

Ich erzähle einmal ausführlich von diesem tonangebenden Berliner Bankhause, dessen gegenwärtiger Mitchef G. Bleichröder im Jahre 1838 in das väterliche Geschäft eingetreten ist, und der, vom Grafen Bismarck 1871 nach Versailles berufen, in dieser Vertrauensstellung an dem schwierigen Werke der Kontributionsregulirung der Stadt Paris, sowie an der Ordnung der großen französischen Kriegskontribution mitgearbeitet hat und hierbei die persönliche Anerkennung unseres Kaisers erwarb.

Gegenwärtig nimmt das Bankhaus „S. Bleichröder in Berlin" die Stellung eines Welthauses ein, wie Baring Brothers in London, Sina in Wien, Stieglitz in St. Petersburg 2c. 2c. Seiner in Gemeinschaft mit der Disconto-Gesellschaft herbeigeführten Uebernahme der Rumänischen Eisenbahnen gelang es, ein großes aus mehr als hundert Millionen Thalern bestehendes deutsches Kapital vor schwerer Beschädigung, vielleicht selbst vom Untergange zu retten. Gegenwärtig domicilirt das Bankhaus in der Behrenstraße 69, in dem alten Professor Krüger'schen Hause, das König Friedrich Wilhelm III. diesem geschenkt hatte. Früher standen vor diesem Hause die beiden Mohrenstatuen, die aus dem alten Johanniterpalais stammen und gegenwärtig wieder in diesem Palais — heute dem Prinzen Friedrich Carl gehörend — aufgestellt sind.

Vom Bahnhof „Börse“ über den Bahnhof „Alexanderplatz“ weg bis zur Haltestelle an der „Jannowitzbrücke“ fährt die Stadtbahn ohne Unterbrechung im Bette des alten Festungsgrabens. Sie überschreitet die Straße „an der Spandauer Brücke,“ die „Rochstraße,“ „Kaiserwilhelmstraße,“ „Königstraße“ und die Straße „an der Stralauer Brücke,“ und läuft in ganz derselben Richtung, wie rechts und links einmal die „Neue Friedrichstraße“ und zum anderen die Münz- und „Alexanderstraße.“

Die Stadtbahn überschreitet also auf der erwähnten Strecke, welche etwa dieselbe Länge wie die „Friedrichstraße“ von der „Kochstraße“ bis zur „Weidendamer Brücke“ hat, nur fünf Mal Straßenzüge, von denen wiederum die Rochstraße ein beschränkter Uebergang ist, und von denen die Kaiserwilhelmstraße erst in einem Jahre hergestellt sein wird.

Es verbinden somit Alt-Berlin mit den mächtigen Vorstädten bis dahin eigentlich nur 4 Wege, während die Friedrichstraße in derselben Länge von **sechzehn** resp. **siebenzehn** Querstraßen durchschnitten wird. Es liegt klar auf der Hand, daß der wirthschaftliche Rückgang Alt-Berlins durch nichts anderes herbeigeführt worden ist, als durch die mangelhafte Verbindung mit der Spandauer- Königs- und Stralauer Vorstadt, und daß die Stadtweisen so schnell wie möglich außer der „Kaiserwilhelmstraße“ noch weitere Straßen herstellen müßten, wollten Sie thun, was Rechtens wäre. Sie müßten also die Neue Schönhauserstraße mit der Neuen Friedrichstraße verbinden, ferner die Prenzlauer-, Kaiser- und Blumenstraße über den Zug der Stadtbahn zur Neuen Friedrichstraße führen. Zum Theil sind diese Straßen projektirt, ihre baldige Ausführung wäre aber recht zu wünschen.

Die Rochstraße und die Rochbrücke entstanden im Jahre 1825 durch ein Privatunternehmen des Justizraths Kunowski und des Baukondukteurs Koch, welche zur Verbindung der Spandauer Vorstadt mit Alt-Berlin eine Brücke über den Königsgraben bauten. Hierfür erhielten sie das Recht zur Erhebung eines Brückengeldes auf 80 Jahre.

Noch sind diese Jahre nicht verflossen und schon sind die Tage dieser letzten Zollbrücke Berlins gezählt. Mit dem vor kurzer Zeit erfolgten Abbruch der Häuser Neue Friedrichstraße 27/28 wurde die „Sechserbrücke" depossedirt.

Der Abbruch öffnet dicht daneben eine Passage nach der Münzstraße unter den Stadtbahnbogen hinweg, und die Kochbrücke wird dadurch überflüssig. Die dem Abbruch verfallenen Häuser Neue Friedrichstraße 27/28 waren trotz ihrer reichen Façaden, auf die König Friedrich II. etwas hielt, Kasernen. Bouman, der Vater, erbaute sie 1764, nachdem die Wälle der alten Befestigung planirt waren, für das Kuhnheim'sche Regiment. Hinten auf dem Hofe erkennt man auch vollständig den Kasernen-Charakter der Gebäude. Von dem Kuhnheim'schen Regiment erzählte man sich, daß eine Compagnie aus so schlechten Kerlen bestand, daß Jeder 25 als Willkommen erhielt. Den Abschied mit 25 ersparten die meisten durch Desertiren.

Einer dieses Regiments saß einmal mit einer Angelruthe am Rinnsteinrand und schaute bedächtig in die Gosse. Bald sammelten sich eine Menge Zuschauer um ihn, darunter viele Bauern, die ihn höhnend fragten, ob er Glück im Angeln habe.

„I, was ich nicht fange, fängt mein Kamerad!" rief er den Bauern zu.

Und so geschah's. Während des Zuschauens der Bauern hatten die Kameraden des Anglers denselben die Taschen ausgeräumt.

Gegenüber am Königsgraben erhebt sich das Garnison-Mehl-Magazin. 1814 zog in diese Räume die Cockerill'sche Maschinenfabrik ein, deren Fabrikate einen großen Ruf hatten. Doch brannte sie 1831 ab. In neuerer Zeit sind diese Gebäude, wie die ganze dem Abbruche geweihte Gegend so verfallen, daß Jedermann nur ihr Verschwinden, trotz aller historischen Erinnerungen, mit Freuden begrüßen kann.

Der vorerwähnte Cockerill ging nach dem Brande nach Belgien, woher er stammte, zurück; etablirte sich in Seraing bei Lüttich und wurde der Schwiegersohn des Ministers von Maaßen. Seine Etablissements, heute in den Händen seiner Erben, sind weltberühmt.

Die Durchführung der Kaiserwilhelmstraße wird immer noch durch die Verhandlungen verzögert, welche bezüglich der Höhenlage der künftigen Kaiserwilhelmbrücke von den betheiligten Behörden gepflogen werden.

Schauen wir uns noch ein wenig in der Neuen Friedrichstraße um, deren nordöstliche Seite uns in der ganzen Straßenlänge während der Fahrt die etwas verfallenen Hinterhäuser zeigt.

Da ist das Haus des Konditor Meyer, des Nachfolgers von Baermann, der weltbekannt war durch seine Baumkuchen. In jenem anderen befand sich einst das berühmte Tanzinstitut von Krüger. Das an der Ecke der Spandauerstraße gelegene ist seit Ende des 17. Jahrhunderts im Besitze der Familie Rieß, heute gehört es dem Professor der Chemie P. Rieß. Sein Vorfahr Model Rieß war einer der aus Wien vertriebenen Juden.

Nr. 38 ist die ehemalige Zuckersiederei von Kupsch.

In Nr. 35 befindet sich die seit 1792 bestehende „Gesellschaft der Freunde," zu deren Begründern Joseph Mendelsohn, Dr. Rintel und A. gehörten. Den Garten des schönen Grundstücks hat die Stadtbahn mittendurch geschnitten.

Nr. 21, an der Ecke der Königstraße, gehörte einst Lipmann Meyer Wulff, dem Schwiegervater von Jakob Herz Beer.

Dessen Söhne waren der bekannte Michael Beer, Heinrich Beer, Wilhelm Beer und Meyerbeer.

Michael Beer, der Verfasser des Trauerspiels „Struensee", ein äußerst begabter Dichter, starb 1833 in München.

Wilhelm Beer, Banquier und Astronom, machte seinen Namen durch astronomische Arbeiten bekannt, die er — z. B. eine Mondkarte — mit Mädler zusammen herausgab. Seine Sternwarte

Bilder von der Stadtb

Blick auf den Bahnkörper im Spreebett bei der Jannowitzbrücke. Ir

vorn Abfahrtsstelle der Spr

alzeichnung von M. Lübke.

d diese Brücke selbst, dahinter Rathhaus, Thurm der Parochialkirche,
hurm der Waisenhauskirche.

hatte er auf einem hinter dem Kroll'schen Etablissement an den Zelten gelegenen Grundstück errichtet. Er hatte 1813 — 15 als Freiwilliger im Felde gestanden, war 1849 Mitglied der Preußischen Kammer und starb am 27. März 1850.

Jakob Meyer Beer, geb. den 5. September 1791, nannte sich Meyerbeer, weil für ihn an das Vermächtniß eines Onkels die Bedingung geknüpft war, den Namen Meyer dem seinigen hinzuzufügen.

Von Meyerbeer, dem Schwiegervater Gustav Richters, dem Komponisten der „Hugenotten", „Afrikanerin", von „Robert dem Teufel", erzählte kürzlich Weill einiges Interessante im „Evenement."

„Seit der Bekehrung der Familie Mendelssohn brach unter den jüdischen Künstlern und Schriftstellern eine wahre Bekehrungs-Epidemie aus. Einer nach dem andern sprang in das Taufwasser," erzählt Weill. Heine läßt sich darüber noch pikanter aus. „Eines Tages", so erzählte Meyerbeer selbst dem Weill, „kam der König (Friedrich Wilhelm IV.) auf den Bekehrungspunkt zu sprechen." Meyerbeer hatte sich nämlich, trotz des Geh. Raths Dr. Schönlein's Zureden, zu einem Uebertritt nicht entschließen können, obgleich seine Frau und seine drei Kinder Christen waren. „Majestät", erwiderte Meyerbeer, „werde ich darum bessere Musik machen, wenn ich mich bekehren lasse? Ist Mendelssohn in der Sphäre der Kunst höher gestiegen, seitdem er nicht mehr Jude ist?" „Das nicht," sagte der König, „allein Sie würden weniger Feinde haben." „Möge mir Ew. Majestät stets Ihr gnädiges Wohlwollen bewahren", erwiderte Meyerbeer. „Was jedoch meine Feinde anbetrifft, so werde ich allein sie in die Flucht schlagen." Meyerbeer erklärte Weill des Weiteren: „Ich wäre niemals auf die Idee gekommen, die Hugenotten zu schreiben, wenn ich nicht Jude gewesen wäre. Ich habe dem Scribe das Libretto aufgegeben. Niemals ist ein christlicher Komponist auf den Gedanken gekommen, die Bartholomäusnacht in Musik zu setzen."

Meyerbeer, der Preußische Generalmusikdirektor, blieb also Jude und starb als solcher in Paris am 2. Mai 1864.

An der Façade des Hauses Neue Friedrichstraße 20 war in der Höhe der zweiten Etage eine Kanonenkugel eingemauert, welche die Kosaken am 23. Februar 1813 vom Windmühlenberge aus nach Berlin geschossen hatten. In dem Hause befand sich die Destillation der Gebr. Eulner. Seit der Zeit nun hieß dieselbe die „Kosaken-Destillation."

In Nr. 9 und 10 befand sich die Zuckersiederei von Gebr. Berend, und in Nr. 13 hausten bis vor wenigen Jahren die „Zöglinge des Mars und der Minerva" — wie die Inschrift lautete, die jetzt nach Lichterfelde übergesiedelten Kadetten.

Diese Gebäude — zum Kadettenhause gehörten auch noch die Häuser 12, 14, 15, 16 — hat Friedrich der Große 1775 durch Unger aufführen lassen. Nr. 15/16 hieß auch wohl die „Professorenkaserne," weil dort die Lehrer des Kadettenkorps wohnten, und Nr. 14 war die Wohnung des Kommandeurs. Aller Wahrscheinlichkeit nach wird hierher das Berliner Stadtgericht verlegt werden.

Nr. 2 ist im Jahre 1709 gebaut und war früher das große königliche Proviantshaus, jetzt ein königliches Fouragemagazin.

Der Alexanderplatz und die gleichnamige Straße erhielten ihren Namen zu Ehren des Kaisers Alexander I. von Rußland. Das berühmteste Gebäude des Platzes aber war das in den Jahren 1823—27 von einer Aktiengesellschaft durch Baumeister Ottmer aufgeführte „Königstädtische Theater."

Es florirte Anfangs, kam dann in die Hände des Herrn Cerf — der eigentlich Hirsch hieß und aus dem Elsaß gebürtig war, und der unter Jerome über Cassel und Magdeburg als Violinist nach Berlin gekommen war —; verkümmerte alsdann und aus seinem Niedergange entstanden zwei Ableger desselben, das Viktoria- und das Wallnertheater. Darüber weiter unten etwas.

Die Blüthe des „Königstädtischen Theaters" fällt in den Ausgang der zwanziger Jahre dieses Säkulums, in eine Zeit, da das ganze Berliner Leben ein einziges Athemholen in dem unbegrenzten Elemente „Theater" war. Damals erhielt auch der Alexanderplatz Berliner Ruf und Ruhm.

Als die oben erwähnte Theatergesellschaft verkracht war, da übernahm Friedrich Cerf die Theaterconcession. Von ihm haben sich hunderte von Anekdoten bis auf den heutigen Tag erhalten. Einige derselben seien hier erzählt.

„Was ist das" — dieses Räthsel gab er selbst gern auf — „das erste bin ich, das zweite ist meine Frau, und das Ganze lege ich mir auf den Schooß." Die Auflösung war: Cerf-Jette (Serviette). Der Komiker Beckmann gab ihm dafür das andere Räthsel auf: „Was ist das, das erste sind Sie, das zweite ist Ihre Frau und das ganze stellt man auf den Tisch?"

Die Auflösung hieß diesmal: „Aas-Jette" (Assiette).

Mit Beckmann stand Cerf überhaupt nicht gut. Einmal rief er diesem zu: „Warten Sie, Herr Beckmann, das werde ich mir hinter die Ohren schreiben!"

„So" — erwiderte dieser — „auf Pergament können Sie also schreiben?"

Seinem Schreiber hielt Cerf die Ohren zu, wenn dieser ihm einen Brief vorlesen mußte.

Als der Kronprinz, der nachmalige König Friedrich Wilhelm IV., das Königstädtische Theater besuchte, führte ihn Cerf während der Vorstellung herum und warnte ihn plötzlich: „Nehmen Sie sich in Acht, Königliche Hoheit, sie spucken manchmal vom Heuboden herunter". Er begleitete darauf den Kronprinzen zum Wagen und stieß im Diensteifer einen neugierigen Straßenjungen aus dem Wege, der ihn darauf „Ochse" titulirte. „Er meinte mir, Königliche Hoheit", entschuldigte Cerf. „Das habe ich auch gar nicht anders aufgefaßt", erwiderte der Kronprinz lachend.

Und endlich, als Cerf im Thiergarten gestorben war, da meinten die Berliner, es sei das erste Thier im Thiergarten gestorben, das keinen Geist aufgegeben habe.

Soviel von einem alten Berliner Original.

Sein Sohn Rudolf Cerf baute bekanntlich in den Jahren 1857—59 das „Viktoriatheater". —

Der Alexanderplatz und seine allernächste Umgebung hat seit der Eröffnung des Bahnhofes der Stadtbahn eine mächtige Umwälzung erfahren und bildet sich allmälig zu einem Handels- und Verkehrscentrum des Ostens heran. Ein modernes Riesenhotel erhebt sich, das Werner'sche Panorama ist errichtet und der Neubau des Polizeipräsidiums, wie der großen städtischen Markthalle und des neuen Justizpalastes auf dem Grundstücke des ehemaligen Kadettenhauses ist beschlossene Sache.

Ueberaus wichtig für alle Reisende ist das auf dem Stadtbahnhofe Alexanderplatz errichtete „Auskunftsbüreau der Reichs- und preußischen Eisenbahnverwaltung", in welchem Jedermann unentgeltlich über Alles anfragen kann, was das Eisenbahnwesen betrifft, über Reiserouten, Gütertarife, Zollabfertigungen u. dgl. m. Hier stehen alle möglichen Fahrpläne und Gütertarife dem Publikum zur Einsicht und zum Kauf bereit und die Beamten leisten bereitwillig hilfreiche Hand. —

Wir besteigen wieder unser Gefährt und überschreiten die ehemalige alte „Stralauerbrücke," welche 1658 für den neuen Stadtgraben angelegt war und nun nach Zuschüttnng des Grabens zwecklos geworden ist, und landen im Bahnhof „Jannowitzbrücke", welcher nach der gleichnamigen Brücke seinen Namen führt.

Diese wurde 1822 von einem Aktienvereine gebaut, an dessen Spitze der Fabrikant Jannowitz stand; nun ist eine neue massive Jannowitzbrücke gebaut worden. —

Fünftes Kapitel.

Die Umgebung der Jannowitzbrücke und der „Bahnhof Wallnertheater". — Die Weiterfahrt bis zum Schlesischen Bahnhof und auf der Nordringbahn. — Weinhändler Rummel und das schön gelegene Rummelsburg. — Die Kolonien Boxhagen und Friedrichsberg. — Friedrichsfelde, das ehedem Rosenfelde hieß, und seine Bewohner.

Der Blick von dem Perron des Stadtbahnhofs „Jannowitzbrücke" über die Waisenbrücke weg nach Köln und seiner Peterskirche, nach der Waisenhaus- und Parochialkirche, nach dem Kölnischen Gymnasium und der Michaelkirche ist entzückend.

Alles, was von diesem Bahnhof nordwestlich, westlich und südwestlich liegt, gehört zum kurfürstlichen Berlin; während das nach Süden, Osten und Nordosten gelegene dem vorigen und dem gegenwärtigen Jahrhundert seine Entstehung verdankt.

Die neue im Bau begriffene Jannowitzbrücke überbrückt in drei Bogenspannungen die Spree. Herr Regierungsbaumeister Volkmann hat die neue Brücke gebaut.

Am linken Spreeufer soll rechts und links von der Brücke, und zwar einmal zur Waisenbrücke und zu zweit zur Michaelbrücke eine Uferstraße angelegt werden. Es sind hier Expropriirungen nöthig, weil seitens der Berliner Brodfabrikaktiengesellschaft und der Berliner Produkten- und Handelsbank Einwendungen gegen die Anlegung dieser Straße erhoben sind.

Die nördlich gelegene Umgebung des „Bahnhofs Jannowitzbrücke" wird in den nächsten Jahren eine gewaltige Umwälzung erfahren, und schon rechnen unsere Bauspekulanten von Beruf mit diesen Veränderungen. Seitens der Stadt besteht einmal das Projekt, die vereinigte Blumen- und Wallnertheaterstraße durch die alte Schickler'sche Zuckerfabrik hindurch nach Westen bis zur Neuen Friedrichstraße zu verlängern, und in die Stralauerstraße zu führen; und zuzweit wird eine mit der Stadtbahn nordwärts parallel laufende Straße eine weitere Oeffnung dieser verkehrsreichen Gegend herbeiführen.

Bahnhof „Jannowitzbrücke" kann auch „Bahnhof Wallnertheater" getauft werden. Jetzt erst, seit der Eröffnung der Stadtbahn ist den Bewohnern von Berlin-West der Besuch dieses besten Berliner Privattheaters recht eigentlich möglich gemacht worden.

Das Berliner Wallnertheater ist ein Kind des alten Königstädtischen. Die Berliner Posse entstand im Königstädtischen, wurde 1848 durch die Schließung dieses Theaters für eine Weile unterdrückt und erblühte von neuem in dem Theater Franz Wallners. Die Frühlingsstürme des Jahres 1848 hatten mit dem ganzen alten theaterlustigen Berlin auch das „Volkstheater am Alexanderplatz“ über den Haufen geworfen. Die Schüsse, die am 18. März aus dem Königstädtischen Theater auf die königl. Soldaten fielen, hatten das einst so lebensfröhliche, stets treu königliche Kunstinstitut tödtlich getroffen.

Zwar wurde noch ein Paar Jahre hindurch in dem Hause Komödie vor meist leeren Bänken gespielt, Kalisch brachte hier noch seine Posse „Berlin bei Nacht“, „Junger Zunder, alter Plunder“ zur Aufführung, das Komiker-Dreiblatt Grobecker, L'Arronge (Vater) und Edmüller gab sein Bestes, dennoch mußte zu Mitte des Jahres 1852 die Bühne geschlossen werden.

Das lustige Königstädtische Theater mußte „Wolle spinnen“, rectius: wurde zum Wollmagazin degradirt. Cerf und seine Schaar zogen in Berlin umher, als Franz Wallner Lust verspürte, sich in Berlin als Theaterdirektor zu erproben.

Dieser besaß eine Theaterkonzession für die Städte Posen und Bromberg und erwarb von Rudolf Cerf die erneuerte Konzession des Königstädtischen, welches als „Königstädtisches Vaudevilletheater“ 1854 in der Blumenstraße wieder erstanden war.

Das Wintertheater, in welches Wallner seinen Einzug hielt, war seiner äußeren Gestalt nach für das Publikum nicht sehr lockend. Ein ungebahnter Weg führte von der Blumenstraße aus nach einem Hintergebäude, das mit seiner nackten Armuth — es war nicht einmal mit einem einfachen Anwurf versehen — sowohl Schauspieler als Publikum abschreckend anstarrte.

Die erste Vorstellung vom 16. September 1855 und die darauf folgenden fanden vor vollständig leeren Bänken statt. Das arme Blumenstraßentheater, die „grüne Neune“, schien dem Verderben geweiht; keine Repertoirechance vermochte Interesse zu erregen, und mit mitleidigen Blicken sah man auf das kleine Theater dort hinten in Berlin-Ost.

Es gingen sechs Wochen ins Land, da sprach man in Berlin mit Achtung von der „grünen Neune“. Man rühmte den Fleiß, die Sauberkeit der Regie und die Berufshingebung der wackeren Schauspieler vom Theater in der Blumenstraße; man fing an, von Franz Wallner und seiner schönen Frau, von Karl Helmerding in Berlin zu sprechen. Der erste Winter war glücklich und mit einigem Erfolge überstanden.

Aus dessen Errungenschaften baute sich Director Wallner in dem angrenzenden Bouché'schen Blumengarten ein einfaches aber nettes bedecktes Sommertheater und hier erstand mit dem „Aktien-Budiker" die Berliner Posse zu neuem Leben.

Mit der Aufführung dieses Stückes war das Wallnertheater gesichert. „Berlin, wie es weint und lacht", „Otto Bellmann", „Der gebildete Hausknecht", „Peschke" ꝛc. ꝛc. folgten und machten aus der lustigen „Grünen Neune" das beliebteste Theater Berlins. Franz Wallner schuf mit Helmerding, mit Reusche, Neumann und mit Anna Schramm und vor allem mit Kalisch ein Berliner Volkstheater, wie es weder vorher noch nachher in Berlin bestanden hat.

Reusche gastirte im Juli 1861 im Wallnertheater als „Isaak Stern" in „Einer von unsere Leut" und gehörte bald dem Theater ganz an. Ich sehe ihn in meiner Erinnerung heute noch als „Grölmeier" in Lietze's Memoiren, in Bruder Liederlich, in den Mottenburgern ꝛc. den liebenswürdigen Künstler, der, von dem alten Rattenfänger Laube nach Wien gelockt, nicht zu seinem Vortheil dahin ging, und der in so jammervoller Weise in Mondsee vor wenigen Jahren seinen Untergang fand.

Neumann (es hieße „Säulen nach Athen tragen" wie er behauptete, wollte ich einem Berliner Publikum etwas von Neumanns Komik erzählen) lebt jetzt als Grundbesitzer in Sondershausen, Helmerding als Rentier in Berlin, Anna Schramm, die „furchtbar nette" heirathete unglücklich, verlor all ihre Ersparnisse und spielt von neuem Komödie.

Eine kleine Schauspielerin des Wallnertheaters aus dem Anfang der Sechziger Jahre ist inzwischen eine große deutsche Künstlerin geworden. Damals wohnte Fräulein Raabe bescheidentlich in der Blumenstraße 73, heute erfreut sich Hedwig Niemann-Raabe fürstlicher Besitzthümer. Sie ist eine geborene

Magdeburgerin, die blonde kleine Frau unseres großen Heldentenors, welche uns vor kurzem noch in der Hauptrolle des Sardou'schen Stückes „Divorçons“ wahrhaft entzückt hat.

Heute heißen die Wallnerleute Lebrun, Engels, Meißner, Kadelburg, Blenke und vor allem Ernestine Wegener. Vor 12 Jahren tauchte sie am Woltersdorftheater auf, heute ist sie die beste Soubrette, welche das deutsche Theater aufzuweisen hat.

Damals, vor zwölf Jahren, entzückte die blutjunge Soubrette das Berliner Publikum als behäbige Budikerfrau in dem Stücke, das durch sein Couplet „Herzliebchen mein unterm Rebendach“ allabendlich Tausende in das Theater der Chausseestraße führte. Wer erinnert sich nicht noch der hübschen Scene, in der Ernestine Wegener ihren schreibunkundigen Mann lehrt, seinen Vornamen Otto zu schreiben. „Male mal eine jroße Weiße“, und Otto malt O „und zwei Kümmel“, Otto malt zwei Striche ||, „die sind bezahlt!“ Otto streicht die Striche durch +. „Und eine kleene Weiße!“ Otto malt einen kleinen Kreis o, und hatte damit seinen Namen geschrieben: Otto.

Diese Rolle der übermüthig lustigen Soubrette bewirkte ihr späteres Engagement am Wallnertheater, in welchem sie bald ihre Vorgängerin durch ihr frisches Talent verdunkelt hat.

Noch heute also spielt man im Berliner Wallnertheater unter des tüchtigen Lebrun Leitung die beste Komödie; und es ist darum für die schwächlichen Berliner Theaterverhältnisse nicht von Vortheil, daß durch ein Wegschnappen der besten Kräfte von Seiten eines doch noch recht zweifelhaften Aktienunternehmens das seit Jahren bestehende tüchtige Ensemble des Wallnertheaters zerstört wurde. Hoffen wir, daß Direktor Lebrun an Stelle der ausscheidenden Kräfte ebenso tüchtige Schauspieler findet oder heranbildet, und daß das alte Berliner Wallnertheater den gewonnenen Ruhm sich bewahrt, das beste Berliner Theater zu heißen.

Bleibe uns das tüchtige Lebrun'sche Wallnertheater erhalten und ganz gewiß für so lange Zeit, bis — was in einem gewissen Moment nicht ausbleiben wird — eine Reorganisation der Königlichen Bühnen stattgefunden, oder bis das neue „Deutsche

Theater" bewiesen hat, daß es so gut Comödie spielen kann als jetzt — Reklame machen.

Die Stadtbahn läuft bis über die Michaelbrücke hinaus im Flußbette der Spree und parallel mit der Holzmarktstraße, deren Hinterhäuser uns auf dem ganzen Wege grüßen. Auch die „Michaelbrücke" ist vom Regierungsbaumeister Volkmann während der Jahre 1877—79 erbaut. Die Holzmarktstraße erhielt ihren Namen vom „Berlinischen Holzmarkte", der auf einem Berliner Plan von 1787 noch das ganze südliche Terrain der Straße einnimmt. An der Nordseite entlang lagen schon seit 1685 zahlreiche Gärten, so der Raule'sche, der später dem Staatsminister von Fuchs gehörte, ferner der Meinders'sche, der nachmals seinem Schwiegersohn du Rosee gehörte. Diese Gärten wurden später zerstückelt und die aus ihnen gebildeten kleineren Gärten waren lange Zeit unter dem Namen „Körbe'scher Obstgarten", „Bruno'sche" und „Weiße'sche Caffeegärten" bekannt. Alle diese Gärten gaben den Straßenanlagen dieser Gegend die Namen wie „Blumen-", „Rosen-" und „Fruchtstraße".

Wir überschreiten mit dem Stadtbahngefährt die Krautstraße, welche nach dem ehemals berühmten Staatsminister von Kraut ihren Namen führt; wir fahren an den Hinterhäusern der „Breslauerstraße" vorüber, überschreiten die Andreasstraße (alles Straßen, welche nach der Eröffnung des Frankfurter Bahnhofs entstanden), schauen rechter Hand die Schillingsbrücke, welche Maurermeister Schilling im Jahre 1840 erbaute, fahren über die Koppenstraße, (Siehe die Illustr. S. 104 und 105) welche ihren Namen dem ehemaligen Berliner Stadthauptmann Koppe verdankt (weil sie auf dessen Aeckern und Wiesenländern angelegt wurde), und landen am Schlesischen Bahnhof, welcher vormals der „Niederschlesisch-Märkische" oder „Frankfurter" hieß und seit kurzem auch den Verkehr des daneben gelegenen „Ostbahnhofs" in sich aufgenommen hat.

Weiterfahrt auf der Ringbahn (Nordring).

„Aus niedriger Häuser dumpfen Gemächern,
Aus Handwerks- und Gewerbesbanden,
Aus dem Druck von Giebeln und Dächern,
Aus der Straßen quetschender Enge . . .“

Eine ganze Weile fahren wir zu Beginn unserer Nordringbahntour zwischen den mächtigen Güteranlagen des Schlesischen Bahnhofs. Unser Blick wird beengt durch die rechts und links aufgefahrenen Güterzüge, durch die mächtigen Schuppen, bis rechter Hand die vor dem Stralauerthore gelegenen Städtischen Wasserwerke auftauchen und der Zug auf der prächtigen Höhe des vereinigten Rummelsburg-Stralauer Bahnhofs hält.

Rechter Hand biegt die Südringbahn ab, auf dieser fahren wir später, heute gehts nach Norden.

An dem Rummelsburger- (früher Stralower-) See, zwischen diesem und dem Wege von Berlin nach Cöpenick liegt die Colonie Rummelsburg, auf derselben Stelle, wo im Jahre 1669 eine Ziegelei angelegt wurde, die aber, weil es an gutem Erdmaterial fehlte, bald wieder einging. Man verkaufte dieselbe einem Bürger Namens Rücker, der ein Wohngebäude mit Garten daselbst errichtete und die Anlage „Charlottenhof“ nannte.

Hiernach besaß dieses Etablissement der Weinhändler Rummel, der darauf eine Meierei errichtete und der Besitzung seinen Namen gab.

In den Jahren 1776 und 78 gab der Magistrat ganz in der Nähe noch einige Landstücke in Erbpacht, wodurch sich die heutige Colonie bildete.

Links von der Ringbahn — in derselben Entfernung wie rechts Colonie Rummelsburg, liegt an einer Straße, welche nordwestlich auf die Frankfurter Allee stößt, die Colonie Boxhagen.

Dies 1675 zum Vorwerk eingerichtete Boxhagen ist eine der ältesten Besitzungen der Stadt Berlin, ursprünglich nichts anderes als ein wildbewachsener Wiesengrund, der sich bis zur heutigen Fruchtstraße erstreckte. Er wurde zerstückelt und den Berliner Bürgern zur Urbarmachung und Benutzung überlassen. Später betrieb auch der Magistrat daselbst Ackerbau und dies führte endlich zur Errichtung einer Meierei, die eine Zeit lang jährlich verpachtet wurde, im Jahre 1783 aber auf Erbpacht ausgethan wurde. —

Die Ringbahn überschreitet die nach Friedrichsfelde führende Frankfurter Allee und unser Gefährt hält am Bahnhof Friedrichsberg, der nach der gleichnamigen, westlich davon gelegenen Colonie seinen Namen führt. Diese Colonie hatte 1802 zwei Häuser und 21 Bewohner, 1816 46 Bewohner, 1837 23 Häuser und 225 Bewohner, 1856 29 Häuser und 396 Bewohner und ist heute eine stattliche Ansiedelung, welche wegen der Nähe des Städtischen Viehhofs alle Aussicht auf weiteres Fortkommen hat.

Bevor wir unsere Fahrt nach Norden fortsetzen, machen wir nach Osten und zwar die Frankfurter Allee entlang einen Abstecher nach Friedrichsfelde, das ehedem Rosenfelde hieß. Die Frankfurter resp. Friedrichsfelder Allee, welche ehedem aus 6 Reihen Lindenbäumen bestand, ist ursprünglich als eine Pön (Strafe), die dem Berliner Schlächtergewerk auferlegt wurde, von diesem gebaut und bepflanzt worden. Bei Anlegung der Chaussee vor 70 Jahren wurde der Mittelweg verbreitert, zwei Reihen Linden fielen und wurden durch Pappeln ersetzt. —

Es war der erste wirklich warme Frühlingstag des Heilsjahres 1883, an welchem wir Stadtbahnfahrer die schöne Straße wanderten. Berlin lag hinter uns im blaugrauen Dunst, aus dem nur einzelne Thürme hervorragten. Um uns herum summte und jubilirte es, und eine Lerche trillerte ihr Lied.

Die Lerch', der Frühlingsbote,
Sich in die Lüfte schwingt,
Eine frische Reisenote
Durch Wald und Herz erklingt.

Friedrichsfelde (hierzu die Illustration Seite 102).

„Der Churfürst und was fürstlich heißt,
haben jüngst beim Raule gespeist
Mittags zu Rosenfelde."
von Canitz.

Friedrichsfelde ist das „Charlottenburg" des Ostens. Ehedem erforderte eine Fahrt dahin, wenn man zu den „Westlern" zählte, einen Entschluß; heute ist Friedrichsfelde mittels der Stadtbahn vom Ringbahnhof „Friedrichsberg" leicht zu erreichen.

Früher hieß das Dorf „Rosenfelde" und war bis 1319 Domainengut der Markgrafen, von welchem ein Theil dem Kloster in Spandau abgetreten wurde; den übrigen Theil erwarben die Städie Berlin und Cöln vom Markgrafen Waldemar für 500 Talent als Eigenthum, und gaben es der Familie Ryke (Reiche) berlinischen Bürgern zum Lehnsbesitz und zur Vasallenschaft. 1590 wurde das Gut wieder landesherrlich, bis es unter dem großen Kurfürsten in den Besitz Joachim Ernst von Grumbkows und 1695 in den des Generaldirektors der Marine, Benjamin Raule's kam.

Dieser Mann, an dessen Namen noch heute Raules Hof bei der alten Leipzigerstraße erinnert, ließ sich in Rosenfelde, wo bis dahin sich nur ein altes kurfürstliches Jagdschloß befand, ein Lustschloß erbauen und durch holländische Gartenkünstler die erste Anlage des jetzigen Parks besorgen. Als er in Ungnade fiel, zog der Kurfürst seine Güter ein und wählte von nun an häufig selbst Rosenfelde zu seinem Aufenthalte.

Seit dieser Zeit wurde es Friedrichsfelde genannt und blieb landesherrlich bis zum 25. November 1717, unter welchem Datum König Friedrich Wilhelm I. seinem Stiefonkel, dem Markgrafen Albrecht von Schwedt das Schloßgut zum Geschenk machte.

Der Markgraf verschönerte seinen Besitz, ließ 1719 durch Böhme ein neues Schloß an Stelle des alten aufführen, dessen Grundmauern heute noch stehen, und legte die sogenannte „Prinzenallee" an.

Markgraf Albrecht, der Sohn des großen Kurfürsten, starb arm in Friedrichsfelde am 21. Juni 1731. Am 25. Juni erschien

Schloß und Park Friedrichsfelde. Zeichnung von H. Lüders.

der ganze Hof daselbst, und Tags darauf wurde die markgräfliche Leiche durch 60 Mann vom Regiment Gensdarmes nach Berlin übergeführt und still im alten 1749 abgebrochenen Dome beerdigt.

Von des Verstorbenen drei Söhnen erbte Markgraf Karl, Herrenmeister des Johanniterordens, Friedrichsfelde. Die beiden jüngeren Brüder fielen in den schlesischen Kriegen, der eine 1741 bei Mollwitz, der andere 1744 vor Prag. Markgraf Karl, derselbe, der auch das Johanniterpalais am Wilhelmsplatze, das heutige Palais des Prinzen Friedrich Karl baute, starb 1762 in Breslau ohne männliche Descendenz.

Friedrichsfelde fiel an seine Tochter, die Herzogin von Anhalt-Bernburg, deren Bevollmächtigter schon im November Schloß und Park an den Prinzen Ferdinand von Preußen verkaufte.

Prinz Ferdinand, der jüngste Bruder Friedrichs des Großen, lebte von 1762 bis 81 hier, dann zog er nach Schloß Bellevue und von hier nach Rheinsberg.

In Friedrichsfelde wurden die Prinzen Heinrich, — der später in Rom in der Verbannung starb, Louis Ferdinand und August geboren. Die beiden erstgenannten Prinzen taufte Pastor Lindenberg.

Dieser Pastor starb 1774, und zwar an der Folge eines Schrecks, den ihm eine Spukerscheinung verursacht hatte. Als er nämlich, kurz vor seinem Tode, von einem Besuch im Schloß in seine Pfarre zurückgehen wollte, sah er eine weibliche Gestalt, die vor ihm herging und auf sein Anrufen keine Antwort gab. Als sie bis dicht vor der Kirche waren, wies sie mit der Hand auf eine Stelle neben einem Eckpfeiler und — verschwand dann. Der Pastor kam in äußerster Erregung in seiner Wohnung an, erzählte, was er gesehen und — starb den dritten Tag danach. Er wurde neben dem Eckpfeiler an eben der Stelle begraben, auf welche die Gestalt gezeigt hatte. —

Sein Nachfolger im Amt taufte am 19. September 1779 in Friedrichsfelde den Prinzen August, den „Reorganisator der Preußischen Artillerie". Vom Saalfelder, von seinem Bruder Louis Ferdinand, habe ich bei der Vorbeifahrt an Schloß Bellevue etwas erzählt, hier etwas vom Prinzen August.

Bilder von der Stadtba

Der Frankfurter Bahnhof von der Ecke der Koppen- und

der Gasan

!zeichnung von M. Lübke.

aus gesehen. Rechts von der Mittellaterne der Gasometer

lauerplatz.

Die Mutter des Prinzen war Luise, eine Prinzessin von Brandenburg-Schwedt, welche erst 1820, zweiundachtzig Jahre alt, gestorben ist. Der jüngste Sohn August und seine Schwester Luise, die mit dem Fürsten Anton Radziwil 1796 vermählt wurde, überlebten die Mutter, die sich in ihrer Jugend durch Schönheit und Galanterien und in ihrem Alter durch Stolz ausgezeichnet hat.

Der erklärte Günstling ihres Herzens „soll" ein Graf Schmettau gewesen sein, und darum nannte der alte Fritz die Kinder gern: „Die abscheuliche Schmettau'sche Race, für die sein einfältiger Bruder Schätze sammle."

Prinz August, der reichste Prinz am Preußischen Hofe war einst in den Sümpfen zwischen Prenzlau und Pasewalk mit seinem Adjutanten von Klausewitz in französische Gefangenschaft gerathen und wurde zuerst in Nancy und dann in Soissons internirt.

Sein erstes Liebesverhältniß war das mit der schönen Madame Recamier, ein späteres das mit der Mlle. Wichmann, welche vom Könige zur Frau von Waldenburg erhoben wurde, ein anderes endlich das mit Mlle. Arens, einer Jüdin aus Rheinsberg, deren Kinder unter dem Namen von Prillwitz in den Adelstand erhoben worden sind, und zwar wurde der Name nach einem im Kreise Pyritz gelegenen Gute erwählt. Von der Mlle. Wichmann stammten drei Töchter, die Gräfinen Eveline, Emilie und Mathilde Waldenburg und ein Sohn ab.

Prinz August starb 1843 in Bromberg.

Von 1785—99 bewohnte die Herzogin Dorothea von Kurland, geborene Reichsgräfin von Medem, Friedrichsfelde. Sie ist unseren Lesern bekannt durch Tiedge's Buch: „Dorothea, letzte Herzogin von Kurland" und sie ist die Mutter der nachmaligen Herzogin Dorothea von Sagan, vermählt mit Edmund Talleyrand von Perigord, welche am 19. September 1862 starb.

Im Jahre 1799 kam Friedrichsfelde an den Geheimen Ober-Hof-Buchdrucker Georg Jacob Decker, der es schon am 29. März 1800 an die Herzogin Catharina von Holstein-Beck wieder verkaufte.

Dieser Prinzessin gehörte auch ein Berliner Palais am Pariser Platz, dasselbe, in dem sich heute die französische Botschaft befindet. Ihre Mutter war eine Fürstin Golowin, ihr Vater Peter August, Herzog von Holstein-Beck, russischer Generalfeldmarschall und Gouverneur von Estland. Prinzessin Chatarina lebte geschieden von ihrem Gemahl, dem Fürsten Iwan Bariatinsky; ihre Kinder waren in Rußland verblieben.

Der Preußische Hof traf oft zu Besuch in Friedrichsfelde ein. Königin Luise kam dann mit Pagen und Hofdamen, und über 100 Equipagen hielten vor dem Schlosse. Mit Fackeln ging es spät Abends heim nach Berlin.

Die Prinzeß galt für sehr reich; es hieß, daß sie täglich 1500 Thaler verausgabe. Am 20. Dezember 1811 starb sie, und ihre Leiche sollte nach Rußland transportirt werden. Man schloß einen Pakt mit jener moskau-astrachanischen Karawane, die damals alljährlich in den ersten Monaten des Jahres mit 50 und mehr Schlitten Kaviar nach Berlin zu bringen pflegte. Auf einen solchen Schlitten wurde der Sarg der Herzogin gestellt und fort ging's nach Rußland. —

Nach dieser Zeit wurde das Gut durch Bevollmächtigte der Bariatinskyschen Familie verwaltet und in diese Administrationszeit, von 1812—1816, fällt der Aufenthalt bez. die Staatsgefangenschaft des Königs von Sachsen in Friedrichsfelde.

Am 26. Juli 1814 bezog der König das Schloß, wobei 1 Unteroffizier und 10 Mann Preußischer Garde als Ehrenwache dienten, und am 22. Februar 1815 verließ der Königlich Sächsische Hof mit sammt der ganzen altfränkischen, blau und gelb gekleideten Dienerschaft die Residenz Friedrichsfelde und begab sich auf Einladung des Oesterreichischen Kaisers nach Preßburg in Ungarn, wo der König den Palast des Primas von Ungarn bezog.

Ein Jahr später ging die Besitzung in die Hand Carl Sigismund von Treskow's über, bei dessen Erben sie sich heute noch befindet. Der vorletzte Besitzer, der wiederum Carl Sigismund von Treskow hieß, starb zu Friedrichsfelde am 22. Juni 1882.

Aus dem Lustschlosse und der Königlichen Residenz wurde es ein brandenburgisches **Rittergut**, das durch beständige Ankäufe und Meliorationen auf eine bedeutende Höhe gehoben ist. Aus dem Sommerhause Raule's, aus dem Lusthause der „Schmettauer" ist Friedrichsfelde ein werthvoller Besitz geworden. Oder wie Theodor Fontane sagt: „aus dem Zehrer ist ein Nährer geworden, aus der Drohne die Biene."

Pietätvoll aber sind von dem Besitzer alle Erinnerungen einer ruhmvollen Vergangenheit erhalten worden; nichts ist verloren gegangen von dem geschichtlichen Material, in dessen Besitz die gegenwärtigen Besitzer eintraten, von dem Andenken an die Todten.

Und so schreiten
Die Zeiten
Im Kriegestanz
Und Ruhmesglanz,
Bis all' ihr Stolz und all' ihr Muth
In Demuth bei den Todten ruht.

Wir wandern die Friedrichsfelder Allee nach unserm Ringbahnhofe zurück. Und vor unseren Augen passiren die Bewohner Friedrichsfelde's noch einmal Revue. Die Berliner Patrizier Ryke und der Holländer Raule, kurbrandenburgischer Admiral, die Söhne und die Enkel der „Giftmischerin" Dorothea und Madame Ferdinand, die Russische Prinzeß, deren Leiche mit einem Kaviartransport 1812 nach Rußland zurücktransportirt wurde und die blaugelbe Dienerschaft des Sächsischen Königs.

Es war spät geworden, die Bäume warfen lange Schatten und da der Mond es wie die Mehrzahl der Berliner Hauswirthe mit der Beleuchtung machte, so war es recht schummrig und unheimlich auf der Chaussee. Wir konnten in unseren Gedanken den Kaviartransport von der Prinzessin von Holstein-Beck nicht lostrennen, und dann, an einer besonders dusteren Stelle, erinnerten wir uns des durch eine Spukerscheinung getödteten Pastors.

Das brachte uns Leben; gegen alle Geister hilft ein gutes Abendbrod. Wir erinnerten uns, daß wir Hunger hatten und nach einem Staatsbahnhof gehen wollten; daß wir also an die Verpflegung in irgend einer Schenke des Landes denken mußten.

Und wir fanden an der Chaussee solchen stillen Ort, der uns nach der staubigen Chausseetour, im einfachen Garten, Märkisches Landbrod, gute Butter und Schweinebraten brachte. Dazu ein leicht verdauliches Berliner Gift= oder Aktien=Bier.

Wir waren um vier Uhr von Bahnhof „Friedrichsberg“ weggegangen und nun gings stark auf 10 Uhr, wir durften also Hunger haben, und — sagt der alte Spruch:

Ein Schweinebraten kalt
Ein Weibchen von achtzehn Jahren alt,
Wer sich daran nicht kann laben,
Der muß keinen großen Hunger haben. —

Sechstes Kapitel.

Die weitere Nordringbahnfahrt. — Dorf Lichtenberg und der Friedrichshain. — Weißensee und seine Besitzer seit dem Jahre 1313. — Der Gesundbrunnen. — Der Humboldthain und der Schöpfer des letzteren, der frühere Stadtgarten-Direktor Meyer.

Wir besteigen am Bahnhof „Friedrichsberg“ wieder unser Ringbahngefährt und schauen, wenige Minuten darauf, rechter Hand Dorf Lichtenberg, auf dessen Feldmark sich jetzt der städtische Central=Viehmarkt erhebt.

Als Kaiser Karl IV. sein Landbuch abfassen ließ, im Jahre 1364, befand sich dieses Dorf und zwar von altersher im Besitz der Herren von Rüthenik. Wenige Jahre später 1390 verlieh Markgraf Jobst dieses ihm heimgefallene Gut an die Ritter Otto Pflug und Heinrich Horst und bald darauf der Stadt Berlin für eine derselben schuldig gewesene Summe von 200 Schock böhm. Groschen. Der alte gutsherrliche Hof wurde schon vor Jahrhunderten zu einem Vorwerke mit einer Meierei eingerichtet, welche der Berliner Magistrat bewirthschaftete, auch verpachtete, und endlich 1783 dem Commissionsrath Claar und Stadtverordneten Sontag in Erbpacht gab. Spätere Besitzer waren:

1790 der Commissionsrath Schwan, 1804 der Kriegsrath Scharnweber, 1815 der Staatskanzler Fürst Hardenberg, 1820 der Hofjägermeister Graf Hardenberg, 1840 der Oberstlieutenant Graf Hardenburg und 1853 der Kaufmann Reiche.

Schon in katholischer Zeit befand sich in Lichtenberg ein eigener Pfarrer, wie heute noch, und nur während der Einführung der Reformation wurde Lichtenberg eine Weile hindurch Filiale von Rosen- oder Friedrichsfelde. Von der Ringbahn aus erblicken wir den schönen Park im Dorfe. —

Bei unserer Weiterfahrt tritt linker Hand die „Lattenstadt", genannt „Städtischer Viehof" heran. Ein eigener Bahnhof „Central-Viehof" und eine ganze Reihe Zufahrtsgeleise führt zu dieser großen Fleischversorgungsstätte Berlins. „In diesem Lande" — möchte ich beinahe schreiben, denn so fremd schaut für uns Westler die ganze Gegend aus — „also in diesem Lande tragen die Einheimischen Peitschen an Stelle der Spazierstöcke und Geldkatzen statt der Portemonnaies."

Unser Zug verläßt den Bahnhof. Rechter Hand erblicken wir die gelben Backsteinbauten des Jüdischen Kirchhofs bei Weißensee, linker Hand die schönen Parkanlagen des Friedrichshains.

Die Anlage des Friedrichshains, des leider zu klein angelegten „Thiergarten des Ostens", dem man auch noch recht unnöthiger Weise für den Bau des „Städtischen Krankenhauses" Terrain abgezwackt hat, wurde am 31. Mai 1840, am hundertjährigen Thronbesteigungstage Friedrichs des Großen beschlossen; die Vermessung und Bepflanzung des Parks, der nach dem alten Fritz benannt wurde, fand jedoch erst mehrere Jahre später statt. Der verstorbene Stadtgarten-Direktor Meyer legte als damaliger königl. Garten-Kondukteur diesen Park an.

Durch den Bau des Krankenhauses ging dem Hain ein ansehnliches Stück von etwa 53 Hektar verloren, zu dessen Ersatz ein Terrain östlich vom alten Hain, „der neue Hain" angelegt wurde. Mehrere Denkmäler schmücken den Park, so das „Kriegerdenkmal zu Ehren der aus dem V. Distrikt Berlins (das heißt aus der Königsstadt und dem Stralauer Viertel) im dänischen, österreichischen und französischen Kriege Gefallenen. Bildhauer Calandrelli hat das schöne Werk geschaffen, dessen Aufstellung am 2. September 1876 erfolgte. Das Denkmal Friedrichs des Großen hat ein Berliner Bürger, J. S. Freitag errichten lassen. Im Friedrichshain schlafen auch die Märzgefallenen von Anno 48, die dazumal in langen Zügen hinausgeführt wurden zur Stätte des ewigen Schlummers. Manchmal hat die Demonstrationslust dieses stille Grab in eine Stätte der Erregung wandeln wollen, doch Gott sei Dank vergeblich. In den Wipfeln der schönen Parkbäume rauscht es von Frieden und Versöhnung.

Um den Friedrichshain herum liegen eine ganze Anzahl Brauereien und Vergnügungslokale, wo die verschiedenartigsten „Künstler", die „Degenschlucker", „Akrobaten" und „Feuerfresser" ihre Vorstellungen geben.

Es ist sehr schade, daß man diesen schönen Park, statt ihn nach N.O., so lange diese Gegend noch unbebaut, um das Doppelte seiner Größe zu erweitern, verkleinert hat und daß dieses insbesondere durch den Einbau eines Krankenhauses geschehen ist.

Wir überschreiten bei der Weiterfahrt die einzige belebte und bebaute Straße dieser ganzen Gegend, — der Nordosten Berlins ist überaus schwächlich angebaut — die Greifswalderstraße, in der auch die Pferdebahn nach Weißensee läuft. Die breit angelegte Straße, welche jetzt noch mit überaus schmalem Fahrdamm und übergroßen Chausseegräben versehen ist, schaut genau so aus, wie vor 14 Jahren etwa die damals „Tempelhoferstraße" genannte „Bellealliancestraße". Neben prächtigen Häusern mit sauberen Vorgärten traurige Miethskasernen mit ungepflegtem Vorplatz. Von der Ringbahn aus überschauen wir linker Hand die großartigen Anlagen der „Städtischen Gasanstalt", über welche weg die Thürme Berlins ragen, und landen am Bahnhof „Weißensee", von welchem mehrere Geleisebüschel zur Gasanstalt abzweigen. Wir machen einen Abstecher nach Weißensee.

Weißensee.

„Gegenden um Weißensee
Ihr Najaden in der Spree,
Seid gefühlvoll, seid entzückt,
Weil Euch Petrowicz erblickt."
Die Karschin.

Weißensee liegt genau 6000 Meter nordöstlich vom königlichen Schlosse, und erhielt seinen Namen zweifelsohne von dem im Orte gelegenen prächtigen See. „Dieses Dorf ist für vielen andern, sehr wasserreich an schönen Seen, Teichen und Pfühlen, deren 72 zu zählen" — heißt es in einer alten Beschreibung.

Im Jahre 1313 schenkte der ehemalige Truchseß Markgraf Hermanns, der Ritter Busso von Grevelhut, dem Priester Arnold, welcher damals Rektor und Provisor des Heiligengeist-Hospitals zu Berlin war, vier Hufen zu „Wittenze" mit aller Pacht und Nutzung, um dafür viermal im Jahre das Gedächtniß des Ritters und seiner Angehörigen in Seelenmessen zu feiern. Wer der Besitzer des Dorfes war, ergiebt sich nicht, und erst das Landbuch vom Jahre 1375 bemerkt etwas Näheres.

Still und unbeachtet lag es vor den Thoren der preußischen Hauptstadt, bis im Jahre 1807 die Erbauung der nach Stettin führenden Chaussee das freundliche Dorf mit den weiteren Ortschaften in größeren Verkehr brachte. Die Straße wurde belebt durch die zahlreichen Post- und Lastwagen. Ja ältere Weißenseer erinnern sich noch der Zeit, da König Friedrich Wilhelm IV. als Kronprinz oftmals auf der Weißenseer Straße fuhr, wenn er in seiner Eigenschaft als Statthalter von Pommern nach Stettin reiste. Das Alles brachte einen bedeutenden Wirthshausverkehr und was damit zusammenhängt nach Weißensee; wo viel verzehrt wird, wird auch viel ernährt.

Das fiel mit einem Schlage fort, als zu Anfang der vierziger Jahre die Berlin-Stettiner Eisenbahn ihren Verkehr eröffnete. Weißensee ging zurück, bis es im Jahre 1872 durch „Gründer" in eine Vergnügungsanstalt der Hauptstadt umgewandelt wurde. Betrachten wir ein wenig detaillirter die Geschichte des freundlich gelegenen Dorfes.

Ein „Krug" — schwer verständlich für Weißensee — war

im Jahre 1375 in „Wittenze" nicht vorhanden; als Nutznießer mehrerer Höfe werden Henning Britzik, Claus Lantzeberg, Wittwe Moskow und Jakob Rathenow genannt.

Ein Lehnbrief vom Jahre 1538, nach welchem Dominikus Blankenfelde 1/6 des Dorfes verkauft, giebt erst wieder Nachricht. In späteren Lehnbriefen treten die v. d. Gröben stets als eigentliche Besitzer des Dorfes und die Blankenfelde als deren Lehnsmänner auf; so bestanden im Jahre 1608 vier Höfe im Dorfe, welche von Bendix, Jürgen, Franz und Wilhelm Blankenfelde bewohnt wurden.

Zu Ende des 17. Jahrhunderts finden wir als Besitzer den Kämmerer Moritz Daniel Marschall von Biberstein, der Weißensee 1735 der Gräfin von Schlippenbach, verehelichten Rittmeister von Krahne veräußerte, von welcher es schon zwei Jahre später Rittmeister Matthias von der Liepe erwarb, der es 1745 an den Landrath Karl Gottlob von Nüßler verkaufte. 1776 erhielt es dessen Tochter, später verehelichte Hauptmann von Berg, 1780 der Enkel Nüßlers, Hauptmann von Schenkendorf, von dessen Sohn es im Jahre 1721 der Kaufmann Leberecht Pistorius erwarb, der es bis zu seinem, am 27. Oktober 1858 erfolgten Tode besaß.

Gut Weißensee wurde nun Eigenthum des Landes-Oekonomieraths, späteren Geheimen Regierungsraths Dr. Lüdersdorf, dem das jetzige schloßartige Wohnhaus sein Entstehen verdankt, ebenso der bis dahin wenig cultivirte Garten seine Umwandlung in einen Park.

Bis hierher war Weißensee ein Rittergut, wie viele in der Mark, nun wurde es in den hauptstädtischen Strudel hineingezogen. Im Januar 1872 wurde es für 700 000 Thaler zu Gründerzwecken von den Hamburgern G. A. Schön und J. C. Langhans gekauft, denen sich bald darauf der Handelsgärtner Rölcke aus Berlin anschloß. Der Stadttheil links von der Greifswalderstraße zwischen dieser und der verlängerten Prenzlauer Allee wurde gegründet und an die Gründer erinnern noch heute etliche Straßennamen.

Von den älteren Besitzern Weißensee's haben eine gewisse Bedeutung die Blankenfelde's, Landrath Karl Gottlob von Nüßler und der Kaufmann Leberecht Pistorius erlangt. Von diesen noch etwas:

Das Epitaphium der Familie Blankenfelde ist heute noch in der Kirche zu Weißensee vorhanden. In der Mitte des Denkmals befindet sich der Heiland zwischen den beiden Schächern am Kreuze, am Fuße die Familie Blankenfelde knieend. In der Mitte zwischen dem Kreuze liest man: „Peter Matthias und Anna Blankenfeld, beide 1552 den 28. October zu Berlin gestorben.“ Unten stehen die Worte: „Ao 1552 d. 18. Nov. ist in Gott gestorben die tugendsahme Jungfrau Elisa Blankenfeld allhier begraben.“ Links: „Regina Blankenfeld 1516; rechts: „Steffen Blankenfeld.“

Karl Gottlob von Nüßler war der dritte Sohn des „Leib- und Hofarztes Dr. von Nüßler und der Frau Hedwig geb. von Myngen zu Sagan. In seinem 18. Jahre — er war geboren am 8. Mai 1700 — bezog er die Universität Jena, später ging er nach Leipzig und Wittenberg. Er lebte anfänglich wie ein echter Cavalier seines Jahrhunderts, schlug eine ihm von König Friedrich Wilhelm I. angebotene Officierstelle aus, ebenso ein späteres Anerbieten, in sächsische Dienste zu treten, bis ihm seine Mutter die Stelle eines Hofcavaliers bei der Herzogin Amalia Agnes von Sachsen-Weißenfels auf Schloß Drehna verschaffte. Beinahe hätte er sich gleich zu Anfang seiner Cavalierlaufbahn die Ungnade der Herzogin zugezogen, als man derselben hinterbrachte, daß ihr Cavalier ein allzu intimes Verhältniß mit einer der Hofdamen eingegangen war. Karl Gottlob verstand es, die Prinzessin zu beschwichtigen, führte die zahllosen Prozesse der Prinzessin und wurde auch in solcher Angelegenheit von ihr auf längere Zeit nach Merseburg gesandt. Er hatte inzwischen zwei Güter bei Kalau, Göritz und Duberan (?) angekauft, hatte aber Schulden darauf und beschloß, diese durch eine Heirath los zu werden.

Er bändelte eine zweite Liebschaft mit einem verblühten aber reichen Hoffräulein der Herzogin Henriette von Merseburg an, erhielt auch das Jawort, sprang aber plötzlich ab, da ihm auf der Fahrt zu seiner Braut von einer geschwätzigen Predigerfrau Grashof in Ostmünde im Saalkreise eine noch reichere Partie nachgewiesen wurde.

Es war dies eine der Töchter des Kanzlers Johann Peter von Ludewig. Welche, wußte Nüßler selbst nicht. Und als er bei dem Hallenser Universitätskanzler um die Tochter anhielt, oktroyirte ihm dieser die ältere Sophie. Nüßler fand sich darin, obgleich er bald darauf seine Braut, „sittsam und angenehm," die Schwester Christiane dagegen „flüchtig, feurig und hübsch" fand.

Mit der reichen Heirath hatte er sich aber verspekulirt, denn sein geiziger Schwiegervater zahlte nur die Zinsen des seiner Tochter bewilligten Geldes, nicht einmal die Aussteuer, verschaffte aber dem Schwiegersohn in Berlin die Stelle eines Hof- und Kammergerichtsraths — ohne Gehalt.

Seine Ehe war trotz alledem eine glückliche und liebevolle, aus der mehrere Kinder hervorgingen, von denen indeß nur eine Tochter ihn überlebt hat.

Seine pekuniäre Lage besserte sich etwas nach dem Tode seiner Mutter und Brüder, als ihm die Familiengüter zufielen. Bald erhielt er die Stellung eines „Tribunals- und ravensbergischen Apellationsgerichts- und Geheimen Justizraths", freilich immer noch ohne Einkommen. Zu jener Zeit waren eben am Preußischen Hofe lange Titel das Einzige, womit Verschwendung getrieben wurde. Nüßler hatte also von seinem Preußischen Dienste keine Einnahmen und wurde noch überdies angehalten, ein Berliner Haus zu bauen.

Der Oberst von Derschau, dieser aus der Geschichte bekannte Häuseragent Friedrich Wilhelms I. hatte ihn angewiesen, in der Friedrichstadt an der Stelle, wo sich bis dahin ein Karpfenteich befunden hatte, ein Haus zu bauen. Umsonst waren alle Vorstellungen, er mußte bauen und erhielt einen Befehl des Königs, „sonder Raisonnement auf der ihm angewiesenen Stelle ein Haus zu erbauen, oder aber die Allerhöchste Ungnade zu gewärtigen.“ Die Bebauung des Karpfenteichs kostete ihm 12000 Thaler, und der Werth des Grundstücks nach der Bebauung belief sich auf 2000 Thaler.

Herr von Nüßler lernte voll und ganz das »travailler pour le roi de **Prusse**« kennen; blieb dessen ungeachtet in Preußischen Diensten. Als das Hagelwetter, die Regierungszeit Friedrich Wilhelms **I.**, vorüber, wurde er bei Friedrich dem Großen Criminaldirektor mit 200 Thaler Gehalt und empfing ebensoviel als Geheimer Tribunalsrath.

Der König sandte ihn 1743 allein nach Schlesien, um die Verhandlungen wegen der Grenzregulirungen zwischen Preußen und Oestreich zu führen, und belobte ihn wegen der guten Durchführung dieser Aufgabe. Zwei Jahre darauf starb Nüßler's Schwiegervater und ihm fielen 40000 Thaler zu, welche er zum Theil zum Erwerb Weißensee's verwendete.

Seine dienstliche Stellung, die ihm nun endlich etwas Gehalt einbrachte, mußte er jedoch quittiren. Er gehörte zu den Anhängern des Ministers von Arnim, Präsidenten des Tribunals, und damit selbstredend zu den Gegnern Cocceji's. Als nun der Großkanzler Cocceji 1748 eine Justizreform gegen Arnim durchgesetzt hatte, bewirkte er, daß dieser wie alle seine Anhänger ihren Abschied nehmen mußten.

Nüßler zog sich nach Weißensee zurück. In den fünfziger Jahren wurde er zum Landrath des Niederbarnimschen Kreises ernannt und verheirathete sich zum zweiten Male mit einem Fräulein von Hoffmann, die aber im nächsten Jahre wieder starb.

Im siebenjährigen Kriege erlitt Nüßler große Verluste. Weißensee wurde von den Russen geplündert; ebenso ergings seinem Berliner Hause, in welchem seine Drehnaer Freundin, die Gräfin von Hohberg wohnte. Man hatte einst am Hofe zu Drehna geflüstert, daß der flotte Hofkavalier von Nüßler in den Mitternachtsstunden sehr eifrig literarische Studien mit dem Hoffräulein, Comtesse von Hohberg getrieben habe, welche nicht ohne Folgen geblieben waren. Etwas muß an dem Gerücht Wahres gewesen sein. Die Hofdame und der Hofkavalier blieben sich bis in den Tod getreu; auch die Leiche der einst so schönen Comtesse ist im Erbbegräbniß Nüßler's zu Weißensee beigesetzt.

In seinen letzten Lebensjahren erfuhr er eine neue Preußische Regierungsmaxime. Man verlangte von ihm die unentgeltliche Herausgabe der Briefe 2c. seines Schwiegervaters „bei Strafe des Zwanges." Der Gekränkte lieferte das Verlangte aus, schrieb aber auf das Rescript: daß, weil diese Manuscripte gegen das Vermögen, welches er seit einem halben Jahrhundert in des Königs Diensten zugesetzt habe, eine Kleinigkeit wären, er sich derselben daher unentgeltlich entschlage."

Damit schlossen Nüßlers Erfahrungen über den Preußischen Staatsdienst. Er starb nach längerem Gichtleiden auf seinem Gute Weißensee am 31. März 1776. In der Vossischen Zeitung vom 2. April 1776 befand sich ein warm empfundener Nachruf, den ich hier noch abdrucken möchte, es heißt daselbst:

> „Den 31. März des Abends verstarb auf dem benachbarten Rittersitz Weißensee Herr Karl Gottlob von Nüßler, Königl. Geheimer Justizrath und Landrath des Niederbarnimschen Kreises, Erb- und Reichsherr der Rittergüter Weißensee, Weichsdorf, Neu-Gersdorf und Marxdorf. Er trat 1726 als Hof- und Kammergerichtsrath in Königliche Dienste. Während der seitdem verflossenen 50 Jahre hat er dem Königlichen Hause und der Mark Brandenburg sehr viele nützliche und wichtige Dienste geleistet. Er war ein Mann von großen Gaben und Einsichten, zu Geschäften ungemein geschickt und geneigt, ein Kenner und Liebhaber der Wissenschaft und ein Menschenfreund, der durch seine Gastfreiheit und Umgänglichkeit sich Unzähliger Personen Dank und Hochachtung erworben hat und dessen Andenken nicht untergehen wird."

Auch die Karschin widmete ihm eine ins Kirchenbuch von Weißensee eingetragene Nachrufsepistel, ein wohl auf Bestellung verfertigtes schwächliches Gedicht.

Ich erwähnte vorhin des armen Hoffräuleins, der Jugendgeliebten Nüßlers, der Gräfin Hohberg, welche in Weißensee begraben liegt. Der arme Hofkavalier konnte die Geliebte nicht heirathen. Nach dem Tode der Frau von Nüßler aber vereinigten sich die beiden Altgewordenen und schufen gemeinsam Gutes.

Auch ein Legat von 600 Thalern hinterließen sie gemeinsam für die Kirche zu Weißensee, worin angeordnet wurde, daß über dem Kircheneingange eine Tafel eingemauert werde mit der Inschrift: „Ich bin zu gering aller Treue und Barmherzigkeit, die Du an mir gethan hast." Diese Tafel befindet sich seit 1851 über der Kirchthür. Von den Zinsen des Legats sollte noch sein Erbgewölbe in der Kirche und der Kirchthurm in baulichem Zustande erhalten werden.

Die einzige Tochter Nüßler's war mit Karl Asmus von Schenkendorf vermählt. In dessen Familie blieb Weißensee bis zum Jahre 1820, dann gelangte es in den Besitz des Kaufmanns Pistorius.

Lebrecht Pistorius, am 21. Februar 1777 zu Loburg bei Magdeburg geboren, in Magdeburg und auf dem Joachimsthalschen Gymnasium vorgebildet, widmete sich dem Kaufmannsstand und legte, selbstständig geworden, eine Branntweinbrennerei an. Durch seine Kenntnisse in der Chemie gelang es ihm, aus seiner Brennerei großen Nutzen zu ziehen, und noch heute erinnert der in diesem Betriebe benutzte „Pistoriussche Brennapparat" an den späteren Weißenseer Besitzer.

Als er nämlich mit der Absicht umging, die Kartoffeln als Spiritusmaterial zu benutzen, versuchte er, in den Besitz eines geeigneten Landgutes zu kommen. Er kaufte Weißensee und begann hier den Kartoffelbau in der ausgedehntesten Weise zu betreiben und einen großen Viehstand zu halten. Oft standen 200 Kühe in seiner Stallung, Er baute die Wirthschaftsgebäude zum Theil neu und verwandte einen großen Theil seines bedeutenden Gewinnes zu immer neuen Versuchen in der von ihm erwählten Thätigkeit.

Leberecht Pistorius blieb unverheirathet; eine Schwester führte ihm die Wirthschaft. Schon zu Lebzeiten hatte er sich auf dem Weißenseer Kirchhofe ein Erbbegräbniß bauen lassen, in dem er auch mit seinen Blutsverwandten seine letzte Ruhe gefunden hat.

Er starb, 81 Jahre alt, am 27. Oktober 1858. Die Stände des Niederbarnimschen Kreises widmeten ihm folgenden Nachruf: „Durch den am 27. d. Mts. erfolgten Tod des Herrn Ritterguts-besitzers auf Weißensee, Pistorius, hat das gesammte Vaterland einen um den rationellen Betrieb der Landwirthschaft und um die damit verbundenen technischen Gewerbe hochverdienten, und durch seine Gründungen in diesem Fache berühmten Mann verloren.

Indem wir, die wir in der näheren Beziehung kreisständischer Genossenschaft zu ihm standen, dem allgemein empfundenen Schmerz über diesen Verlust hierdurch Worte leihen, haben wir noch besonders des treuen Eifers und der lebhaften Theilnahme zu gedenken, womit der Verstorbene als langjähriges Mitglied des Kreistages stets auch die speziellen Interessen unseres Kreises umfaßt und gehegt hat. Friede seiner Asche.

Die Stände des Nieder-Barnimschen Kreises."

Vierzehn Jahre nach dem Tode dieses vortrefflichen Landwirths und landwirthschaftlichen Industriellen gerieth Weißensee in die Hände von „Gründern".

Ob zum Nutzen der Gesammtheit, ob Weißensee zum eigenen Nutzen „vergründet" wurde, das mag ich nicht entscheiden. Es ist heute nicht Dorf, nicht Stadt. Was angenehm wirkt, war früher schon dort, und die neuerrichteten vierstöckigen Straßenzüge rechter und linker Hand von der Hauptstraße sind jedenfalls nicht schön.

In der staubigen Hauptstraße spielt der flachshaarige gesunde Nachwuchs der Märkischen Urbevölkerung mit den nicht so gesund schauenden Kindern der Zugezogenen. Hier erfreut uns das überaus hübsche Café Rettig mit seinem prächtigen Garten, hier lugt eine mit sauberem Garten versehene Villa uns an; dort ragt himmelan eine kahle, hoflose Miethskaserne. Welch' freundlichen

Eindruck macht die von alten Bäumen umgebene Kirche und welchen herabgekommenen, verfallenen das sogenannte „Schloß-Restaurant Weißensee“. Wer in diesem Schloßgarten mit den alten, traurig ausschauenden Bäumen und dem See-Waschbecken davor nicht melancholisch wird, der hat nicht die geringste Anlage dazu. Wenn die alten Parkbäume, das zertretene und halbausgerissene Röhricht am Seeufer und die alte, von Leberecht Pistorius gebaute Brennerei so ganz unter sich sind, und das sind sie meist, wenn nicht zufällig ein berühmter „Seiltänzer“ Weißensee berührt, oder der „Traberklub“ sein Fest giebt oder ein „Mitteldeutsches Schützenfest“ Fremdlinge dahin bringt —, dann klagen sie, dann flüstern sie mit einander von der guten alten Zeit. Wir hören ihr Zwiegespräch im Geflüster des Schilfs.

Glatt ist der See, stumm liegt die Fluth,
So still, als ob sie schliefe,
Der Abend ruht wie dunkles Blut
Rings auf der finstern Tiefe;
Die Binsen im Kreise nur leise
Flüstern verstohlene Weise.

Wir wandern die Straße entlang nach unserem Bahnhof zurück. Die „Baugesellschaft für Mittelwohnungen“ preist ihre Terrains an, und an Terrain fehlt's um Weißensee nicht, ein paar alte Kossäthenhäuser stehen linker Hand, so wie sie vor hundert Jahren hier gestanden haben, rechter Hand wird an einer allermodernsten Villa die letzte Hand gelegt. Allüberall Dorf und Stadt in bunter Mischung. Da, an einem ehemaligen „Grand Restaurant“, das wieder eine reelle deutsche Gastwirthschaft geworden ist, lese ich den schönen Spruch:

— „Mit altem Brauch wird nicht gebrochen,
Hier können Familien Kaffe kochen.“ —

Das versöhnt mich wieder. Wie dies Gasthaus den Gründerfirlefanz abgeworfen hat, so möge sich auch der ganze Ort in klare Verhältnisse bringen. Und dies wird desto früher geschehen, je schneller es die verschiedenen Vergnügungsanstalten hinausbringt, die nur Lärm machen aber keinen Wohlstand bringen.

Mit der von Weißensee nach dem Alexanderplatz fahrenden Pferdebahn treffen wir wieder auf Bahnhof „Weißensee" ein und fahren gen Nordwest über die Prenzlauer Allee und Pappelallee zur Haltestelle an der „Schönhauser Allee".

Die „Pappelallee" ist die Fortsetzung der „Kastanienallee" und diese wiederum die Fortsetzung des am Rosenthalerthore beginnenden „Weinbergswegs". Nach Wollank's Weinberg und Wollank's Meierei hieß der Beginn dieser Straße ehedem.

Die „Prenzlauer Allee" ist die alte über Französisch Buchholz führende Heerstraße nach Prenzlau. Und „Französisch Buchholz" heißt deswegen „französisch", weil sich hier vor 200 Jahren viele französische Bauern und Küchengärtner niederließen.

Die sehr hübsch an prächtiger Allee gelegene Haltestelle „Schönhauser Allee" verleitet uns zu einem Abstecher nach Pankow und Nieder-Schönhausen.

Pankow und Nieder-Schönhausen.

„Von Bernau wälzt sich die Panke
Ueber Pankow nach Berlin,
Schwarzgrüngraublau ist ihr Wasser,
Wolken ziehen drüber hin." —

Pankow hat seinen Namen von der Panke erhalten, diesem auf dem Ruthenfelde bei Bernau entspringenden klaren Nebenflüßchen der Spree, das in Folge der schlechten Behandlung, welche ihm die Berliner städtische Verwaltung angedeihen läßt, in recht argem Geruche steht. Wie eine silberhelle Bachforelle schwimmt es anfangs durch die Fluren Berlins und wie ein Tintenfisch am Schiffbauerdamm in die Spree.

Dorf Pankow, heute ein beliebter Sommeraufenthalt der Bevölkerung von „Berlin Nord und C.", wurde anno 1370 den Städten Berlin und Cölln vom Markgrafen Otto für 100 Mark Silbers verkauft. Danach gelangten die Hauptgüter in den Besitz von Hans und Kerstian Duseke, später in den der berühmten Berliner Patricierfamilie Blankenfelde, zu Ausgang des 17. Jahrhunderts an die von Grumbkow und dann wieder in die Hand des Regenten. Als königliche Domäne besteht es noch heute.

Schloß und Park von Nieder-Schönhausen.

Die langjährige Residenz der Königin Elisabeth Christine, Gemahlin Friedrichs des Großen.

Mit Pankow in inniger Verbindung steht das Schloß und der königliche Schloßpark des Dorfes Nieder-Schönhausen, und der letztere wohl vor allem hat zahlreiche Berliner Familien veranlaßt, sich hier niederzulassen.

Peter Lettow, Hans von Waldow, die Familie von Barfuß, die Grafen Dohna und Geheimerath von Grumbkow sind die Vorbesitzer des Dorfes, das seit 1691 sich im Besitz der Preußischen Herrscherfamilie befindet.

Der kundige Blick des Kurfürsten Friedrich III. hatte die landschaftlichen Reize von Nieder-Schönhausen erkannt und machte es zum Ziel- und Rastpunkte für abendliche Erholungsausflüge. Wie Freienwalde, Monbijou, Charlottenburg, so ließ der erste preußische König auch Schloß Nieder-Schönhausen erstehen.

Von Charlottenburg und Berlin aus fuhren die Herrschaften des Hofes entweder in gold- und glasüberladenen Kutschen oder auf leichten „Treckschuyten" die Panke entlang zu den damals noch einfachen Pavillons von Schönhausen. Das war eine glänzende Zeit, die bald in dem allgemeinen Niedergange unter der Regierung Friedrich Wilhelm's I. verschwinden sollte. Ließ dieser Sparkönig doch sogar die prachtvollen Stücke der Schönhauser Einrichtung in den Jahren 1713/14 nach den Berliner Schlössern überführen.

Mit der Regierungsübernahme Friedrichs des Großen beginnt auch eine neue Epoche für Nieder-Schönhausen. Am 3. August 1740 fühlt sich der König „aus besonders gegen seine Königliche Gemahlin Majestät tragender herzlichen Liebe und tendresse auch höchsteigener Bewegung resolvirt und entschlossen, das Schloß Schönhausen benebst denen darin behörigen Gebäuden und dem Garten daselbst, auch sowol zum Schloß als Garten gehörigen Inventario und Diensten, auf Ihre Lebens Tage zu schenken und zu übergeben."

Fast zwanzig Jahre hindurch residirte die Königin Elisabeth Christine in dem schönen märkischen Schlosse, als die Schrecken des siebenjährigen Krieges auch Nieder-Schönhausen erreichten.

„Tout est perdu, sauvez la famille royale!" Diese Trauerkunde vom Kunersdorfer Schlachtfelde an den Minister Grafen Finkenstein gerichtet, verscheuchte auch Elisabeth Christine 1759 aus Schönhausen hinter die Wälle von Magdeburg, wo die gesammte königliche Familie einige Zeit der Verbannung verbrachte.

Anno 1760 wüthete die Kriegsfurie in Schönhausen. Die Sachsen, erbittert über die Geschicke ihres unglücklichen Vaterlandes, drangen mit den Österreichern in die Gärten von Schönhausen, fällten einen großen Theil der prachtvollen Bäume und verbrannten sie bei ihren Wachtfeuern, während Panduren und Kroaten die kostbaren Tapeten in den Wohnzimmern aus Zerstörungslust und Beutegier herunterrissen, und die lustres und trumeaux mit den Gewehrkolben zertrümmerten.

So hatte der Krieg, gleichwie er Tausenden von Staatsbürgern das Vermögen dahingerafft und die Besitzungen eingeäschert, auch nicht die Königin geschont, und es war für Friedrich eine gegebene Nothwendigkeit, Schönhausen auf's Neue einzurichten. Hierbei berücksichtigte der große König mit ritterlicher Galanterie die Wünsche seiner Gemahlin. Das Schloß wurde in seiner heutigen Form hergestellt (siehe die Illustration S. 122), ein Paar kleine Pavillons wurden abgerissen und ein Balkon an der Vorderfront abgenommen. So erhielt das Schloß die Gestalt eines länglichen Vierecks mit drei Etagen, überall im Geschmack des Roccoco eingerichtet.

Mit ängstlicher Sorgfalt sah der große König darauf, daß seiner Gemahlin von den fürstlichen Besuchern stets der gebührende Respekt erwiesen wurde. „Avez-vous déjà fait votre visite à Schönhausen?“ war eine regelmäßige Frage an die Gäste des Königs.

Geist und Anmuth paarten sich im Schlosse von Schönhausen. Entspann sich doch im Schloßparke von Schönhausen der kurze Roman, der den Namen Julie von Voß auf ewig an denjenigen Friedrich Wilhelm's II. geknüpft hat, welcher sein Herz und seine — linke Hand der reizenden „Ceres“ am Berliner Hofe zum kurzen Bunde bot! „Der Prinz kommt ewig zur alten Königin nach Schönhausen“ — schreibt die Oberhofmeisterin von Voß in ihrem bekannten Tagebuche —, „und ich weiß doch, das Alles geschieht doch nur wegen Julie!“ Kaum vermählt und zur Gräfin von Ingenheim erhoben, raffte der neidische Tod diese schöne Blüthe dahin. Sie hatte einen Sohn geboren, verließ das Wochenbett zu früh und erkältete sich auf's heftigste. In Buch bereitete man ihr das Grab unter der Kirchenkuppel, in der Nähe des Altars. —

Die greise Königin erlebte noch die Donnerbrandungen der französischen Revolution in Schönhausen; bald darauf schloß sie ihre Augen zu ewigem Schlummer. —

Nach ihrem Tode stand das Schloß kurze Zeit vereinsamt, dann diente es zum vorübergehenden Aufenthalt mehrerer fürstlichen Personen. Hier wohnte längere Zeit die Schwester Friedrich Wilhelm's III., die reizende Wilhelmine, Erbprinzeß von Oranien. Hier residirte der Herzog von Cumberland, der dritte Gemahl der Prinzessin Friederike von Strelitz (Schwester der Königin Luise), ehe demselben noch die dynastischen Verwicklungen in England die Königskrone von Hannover verschafften.

Hier im Parke von Schönhausen spielte auch der Sohn dieses Fürsten, ein reizender zehnjähriger Prinz, der spätere so unglückliche König Georg von Hannover. Weiterhin wohnte hier die Gemahlin des Prinzen Albrecht, Prinzessin Marianne der Niederlande.

Seit langer Zeit ist es unbenutzt und blickt melancholisch auf die Gegenwart herab. —

Wir wandern durch den schönen Park und weiterhin an den beiden Kirchthürmen von Pankow vorbei die schöne, mit alten Bäumen bestandene Allee entlang, welche nach der Haltestelle „Schönhauser Allee" führt.

Hier besteigen wir wieder unser Ringbahngefährt.

„Rechter und linker Hand begrüßen uns auf der ganzen Strecke freundliche Obstbaumanlagen, wir überschreiten beim Weiterfahren die „Schwedter Straße", damit zugleich den Bahnkörper der „Nordbahn" und langen am Bahnhofe „Gesundbrunnen" an. Hier steigen wir aus, einmal um dem westlich vom Bahnhofe an der „Brunnenstraße" gelegenen „Humboldthain" einen Besuch abzustatten, ferner um den „Gesundbrunnen" selbst kennen zu lernen.

Gesundbrunnen.

Es hauchen die Stimmen vom Paradiese:
„Luise!“
Und es flüstert die Quelle der Wiese:
„Luise!“
Gubitz.

Wie viele Leser wissen heute wohl noch etwas vom „Friedrichs-Gesundbrunnen“ und vom „Luisenbade“? Die „Brunnen-“ und „Badstraße“ ist ihnen, wenn sie Berliner sind, schon bekannter. Daß beide aber von einem einst berühmten Märkischen Bade ihren Namen empfingen, daß das „Luisenbad“ heute noch ein sehenswerthes, hübsches Gartenetablissement ist, dürfte ihnen unbekannt sein.

Vor dreihundert Jahren bestand hier an der Panke eine einsame Wassermühle und daneben ein mächtiges Jagdrevier. Dann später wurde noch eine zweite Mühle gebaut.

Die eine lag auf dem linken Ufer der Panke, da, wo jetzt die Restauration neben dem Brunnenhause steht; die andere stand und steht heute noch auf der kleinen Panke-Insel, die etwa 15 Morgen groß, damals mit vielen Elsen bewachsen war. In der Nähe der ersten Mühle lag das fürstliche Jagdrevier, 60 Morgen groß, ringsum eingehegt. Hier wurden damals wilde Kaninchen, Fasanen, Hasen und Hühner gehalten.

Wie seine Vorgänger, so liebte es auch König Friedrich I., hier zu jagen, und so kam er 1701, ermüdet von der Jagd, bei der Mühle an und forderte ein Glas Wasser zur Erfrischung.

Im Müllergarten sprudelte ein Quell, wild, uneingefaßt, der dem Müller den Brunnen ersparte. Aus diesem Quell erhielt der König den begehrten Trunk. Er fand das Wasser trefflich an Geschmack und bemerkte seinen Eisengehalt, ließ das Wasser chemisch untersuchen und den Quell einfassen.

Der „Heilquell“ wurde bekannt und berühmt, und man trank sein Wasser. Die unscheinbare Quelle an der Panke war über Nacht „ein Gesundbrunnen“ geworden. Doch Bäder haben zu allen Zeiten, wenn sie gedeihen wollten, die richtige

Reklame nöthig gehabt, und so kam auch der Panke-Gesundbrunnen erst dann recht in Blüthe, als ein tüchtiger Regisseur sich seiner annahm. Etwas gesund ist ja — mit einziger Ausnahme des magisträtlichen Tegeler Wasserleitungs-Wassers — am Ende jedes Wasser, heilkräftig, kohlensäuerlich, Sool-, Eisen- und Fichtennadelbad wird es immer erst durch den Badearzt. So auch der „Gesundbrunnen".

Der Gesundbrunnen bei Berlin im Jahre 1760.
Originalzeichnung nach einem alten Kupferstich.

Der Arzt Dr. Heinrich Wilhelm Behm, der von fremd her unter dem alten Fritz nach Berlin gekommen war, gab dem Bade das rechte Ansehen. Er ließ durch das „Oberkollegium Medikum" den Quell untersuchen und constatiren, daß der Berliner Gesundbrunnen durch seinen Eisengehalt und sein Mittelsalz, dem Glaubersalze ähnlich, einem schwachen Egerbrunnen gleichkomme. Er erbat sich auf dieses Gutachten hin vom Könige das Land, das nöthige Bauholz und die Kalksteine, alles gratis, und baute all das auf, was zu einem rechten Bade nöthig ist. Unser Bild zeigt uns das Bad in seiner damaligen Gestalt, das Brunnenhaus, das Brunneninspektorhaus, das Bademeisterhaus &c. Ein Garten wurde angelegt und die ganze Gegend mit 120 000 Frucht- und wilden Bäumen bepflanzt, von denen heute noch ein großer Theil in prächtigstem Wuchse blüht und grünt.

Der unternehmende Arzt steckte ein Kapital von 22 000 Thlr. in seinen Gesundbrunnen, schrieb eine Brochure 1760, war befreundet mit vielen Aerzten des Preußischen Vaterlandes und brachte darum sein Bad in Schwung. In den Jahren 1760 bis 1780 hatte es seine Blüthezeit und zu Ehren Friedrichs II. wurde die Anlage „Friedrichs-Gesundbrunnen“ getauft.

Damals lieferte die Quelle in jeder Stunde 10 Tonnen Wasser, und wurde darum mehr zum Baden als zum Trinken benutzt. Dr. Behm machte gute Geschäfte, er nahm den ganzen Wedding in Erbpacht, verbesserte die Wege, befestigte durch Aussäen von Sandhafer den Flugsand, der stets auf's neue seine Aecker zu verschütten drohte und machte sich auch hierdurch um Berlin verdient.

Nach seinem Tode i. J. 1780 verwaltete sein Schwiegersohn Derling das Bad, bis es 1795 vom Professor Pein gekauft wurde. Dieser überließ es noch im selben Jahre an Martin Fürstenberg, der es mit einer Unterbrechung bis 1807 besaß.

In dieser Zeit besuchte die Königin Louise den Brunnen häufig, was ganz natürlich einen neuen Aufschwung des Bades herbeiführte. Nach 1807 wechselten die Besitzer schnell, bis im Jahre 1809 Medicinalassessor, Apotheker Flittner den Brunnen kaufte.

Er bat die in Königsberg weilende Königin, dem Bade ihren Namen geben zu dürfen und so wurde denn der Friedrichs-Gesundbrunnen“ ein „Louisenbad“.

Anno 1820 kaufte Professor Dr. Graßhof, Direktor des Taubstummeninstituts, das Louisenbad, unter welchem sich dasselbe noch einmal erhob. 1830 wurde die ganze Besitzung ausgeschlachtet, und die Meierei mit den Ländereien von der Badeanstalt nebst Park und Wiesen getrennt. Das Bad übernahm Ernst Krakau.

Gegenwärtig besitzt Herr Galuschki die noch immer ausgedehnte Besitzung, welche die Nummern 36—39 der Badstraße führt.

Einst war das Louisenbad alles, die Umgebung eine dörfliche, jetzt hat der neu entstandene Stadttheil den Kernpunkt selbst etwas in den Hintergrund gedrängt. Ueber der Quelle im Garten steht noch heute der kleine durch den gegenwärtigen Besitzer mit aller Pietät sauber und geschmackvoll hergerichtete Brunnentempel, leise plätschert das eisenhaltige kühle Wasser in das Bassin und an den Wänden liest man die alten Inschriften, die dem jungen Besucher von früheren Tagen berichten.

Als König Friedrich Wilhelm III. in den Jahren 1832—35 die Berliner Vorstädte im Norden mit Kirchen bedachte, als die St. Elisabethkirche in der Invalidenstraße, die Nazarethkirche auf dem Wedding, die St. Johanniskirche in Moabit eingeweiht wurden, da empfing auch der Gesundbrunnen an der Ecke der Bad- und Pankstraße nach einem Plane Schinkels seine St. Paulskirche, und Bischof Dr. Neander hielt am 12. Juli 1835 die Einweihungsrede.

Und da im Sommer 1869 durch die Badstraße der unterirdische Kanal nach der Panke gestochen wurde, um der abschüssigen Straße bei Regen schnellen Abfluß zu schaffen, da sprudelten mit einem Male in dem tiefen Graben unzählige eisenhaltige Quellen empor, so daß man Pumpmaschinen anlegen mußte und sich vor dem andringenden Wasser kaum retten konnte. Auch im „Deutschen Garten" (neben der Adlerbrauerei) floß ein Quell hervor, ebenso im früheren Park. Diese sind seitdem wieder versiegt. Quellklar aber sprudelt noch immer wie vor längstvergangenen Tagen der „Gesundbrunnen" des ehrwürdigen Louisenbades, liefert noch heute 15—30 Kubikmeter Wasser in 24 Stunden und ist heute noch so heilkräftig wie vor alter Zeit. —

Bevor wir nach Bahnhof „Wedding" fahren, wandern wir die „Brunnenstraße" zurück, um noch einen Abstecher nach dem „Humboldthain" zu machen.

Zum Andenken an den hundertjährigen Geburtstag Alexander von Humboldts eröffneten die städtischen Behörden Berlins am 14. September 1869 einen 35 ha großen Park südlich vom

Gesundbrunnen, östlich vom Wedding, westlich von der Brunnenstraße und nördlich vom „alten Viehhof". Gleichzeitig wurde unter ungeheurer Betheiligung von Volksmassen der Grundstein zu einem Denkmal gelegt.

Später aber hat sich diese Stelle als zu der Symmetrie der gesammten Anlagen so wenig stimmend herausgestellt, daß sie aufgegeben wurde und unter Rasen und Strauchwerk verschwunden ist. Als neue Stelle für das „Humboldt-Denkmal" ist der höchste Punkt des leichthügeligen Bodens auserkoren, wo man einen möglichst großen „Findlingsblock" mit dem Medaillonbild des großen Naturforschers aufzustellen gedenkt.

Die Herstellung des großen Parks, dieser segensreichen Anlage, kostete 340 000 Mark und hat sich unter der Pflege des leider zu früh verstorbenen städtischen Gartendirektors Meyer sowie seines umsichtigen Schülers Mächtig überraschend schön entwickelt.

Hoch gelegen, gewährt er der sonst fast ganz baumarmen Gegend einen vollendeten Schmuck und der zahlreichen Bevölkerung des Berliner Nordens einen vortrefflichen Erholungsplatz.

Johann Heinrich Gustav Meyer, weiland preußischer Hofgärtner und Stadt-Gartendirektor von Berlin ist der Schöpfer sowohl des Humboldthains wie des vorher erwähnten Friedrichshains. Von ihm, dem zu früh Verstorbenen, noch einige Worte.

Er war der Sohn eines kleinen Grundbesitzers zu Frauendorf a. O. und dort am 14. Januar 1816 geboren. Im Frühjahr 1832 trat er in den botanischen Garten als Lehrling ein, ging nach einer zweijährigen Vorbereitungszeit nach Potsdam an die königliche Gärtnerlehranstalt, wurde hier vom Hofgärtner Legeler sowohl wie vom Generalgartendirektor Lenné als überaus befähigter Kopf erkannt und verwendet.

So gab man dem jungen Gärtner bald die Stelle eines Lehrers im Plan- und Landschaftszeichnen bei der königlichen Gärtnerlehranstalt, wie die eines Gartenconducteurs. Im Jahre 1862 erschien sein epochemachendes Werk „über die schöne Gartenkunst".

Mit dem die Stadt Potsdam umfassenden Gürtel von Anlagen, welcher durch König Friedrich Wilhelm IV. und seinen Gärtner Lenné nach vielen Richtungen hin die verschiedensten Verschönerungen erfahren hatte, entstand der Wunsch, diese Anlagen in einem einheitlichen Plane festzuhalten.

Dieser Plan wurde nach vorheriger Vermessung des dazu gehörigen Terrains von Meyer nicht allein gezeichnet, sondern auch auf die Kupferplatte übertragen. Nur wenige Exemplare dieses für die Entwickelungsgeschichte Potsdams und für die ganze Gartenkunst hochwichtigen Planes sind abgezogen worden.

Unter Meyers hervorragender Betheiligung entstanden die Anlagen am Ruinenberge und bei Bornstädt, Lindstädt und am Wildpark, der sicilianische Garten, die Umgebungen des neuen Orangeriehauses, der Pfingstberg, die Anlagen des königlichen Weinberges und vor allem der herrliche Marlygarten bei der Potsdamer Friedenskirche, ein Meisterwerk der Gartenkunst.

Mit gleichem Geschmacke schuf Meyer den Bremer Stadtpark, die Flora zu Cöln, auch die Anlagen des Berliner Friedrichshains. Die Anlage des „Friedrichshains“ — das geht aus den Akten des betreffenden Gartens hervor — war eine Konkurrenzarbeit, mit der Meyer seinen ersten größeren Erfolg erzielte.

Vereint mit Lenné entstanden die Projekte für den Dresdener und Leipziger Stadtpark sowie die für die Bebauung der Glacis zu Wien.

Im Jahre 1859 erhielt er, zum königlichen Hofgärtner ernannt, das sogenannte „Ananasrevier“ in den Gärten von Sanssouci, und 1867 fertigte er den Entwurf für den „Preußischen Garten“ auf der Pariser Weltausstellung, wofür er zum Ritter der Ehrenlegion ernannt wurde.

Im Jahre 1870 folgte er dem ehrenvollen Rufe der Stadt Berlin als Stadtgartendirektor. Außer den vielen reizenden Plätzen im Innern der Stadt ist es besonders unser „Humboldtshain“, der ein Zeugniß für die großen Ideen des Verewigten ablegt. Ferner die Anlage des sogenannten „kleinen Thiergartens“ bei Moabit.

Seine letzte und bedeutendste Arbeit für die Stadt Berlin, den Südpark von Treptow, konnte der Meister leider nicht der Vollendung entgegenführen. Eine Erkältung, welche ihn bei den Arbeiten in diesem Park überfiel, verschlimmerte ein altes Leberübel derart, daß der unermüdliche Schaffer nach vierwöchentlichem Leiden starb.

Mit ihm starb der genialste Schüler und Freund Lenné's und nach dessen Tode der größte Meister in der schönen Gartenkunst überhaupt. So lange der Friedrichs- und Humboldthain aber duftet und grünt, mit denen sich dieser Gartenmeister selber sein Denkmal setzte, wollen wir uns des genialen Mannes erinnern, der für Berlin Bedeutendes und Segensreiches geschaffen hat. —

Siebentes Kapitel.

Der „Wedding" und die im Bau begriffene Dankeskirche. — Weiterfahrt nach Moabit und die hier projektirten Neubauten Berliner Kasernen. — Der Spandauer Schiffahrtskanal. — „Plötzensee." — Die Jungfernhaide und das Hinkeldey-Denkmal. — Ein Possenspiel im Belvedère des Charlottenburger Schloßgartens.

Wir überschreiten bei unserer Weiterfahrt von Bahnhof „Gesundbrunnen" die Hoch- und Wiesenstraße, die Panke und die Gerichtsstraße und landen am Bahnhof „Wedding", der in der Nähe der Chausseestraße liegt.

Die Gerichtsstraße, die Fortführung der Gartenstraße nach Nord, empfing ihren Namen von dem „Hochgericht", welches hier seit 1749 gestanden hat.

Die „Chausseestraße, die, selber eine Verlängerung der Friedrichsstraße, weiterhin als Müllerstraße bis nach Tegel führt, ist die Hauptverkehrsader dieser ganzen Gegend und ist zugleich die älteste Straße derselben. Ehemals hieß sie der „Ruppiner Heerweg", vielleicht darum, weil auf diesem das früher sehr berühmte Ruppiner Bier hierher gebracht wurde.

Der „Wedding" ist ursprünglich ein Dorf mit einem Rittersitze und einer Mühle gewesen und ist älter wie Berlin selbst. Das Dorf war schon im Jahre 1250 eingegangen und mit seinen Ländereien aller Wahrscheinlichkeit nach der kurz zuvor gegründeten Stadt Berlin einverleibt worden. Der Landsitz des Hofes wurde später von derselben erworben und jene Mühle, die spätere „Papiermühle“ an der Panke, wurde von dem letzten Gesammtbesitzer, dem Ritter von Kare im Jahre 1253 dem Kloster in Spandau überlassen, nach dessen Reformation sie anno 1540 an den Kurfürsten kam.

Obwohl aber Dorf und Ritterhof schon vor 600 Jahren verschwunden waren, so erhielt sich doch der Name bis in unsere Zeit zum Theil vielleicht dadurch, daß die alten, in den städtischen Besitz gelangten Gutswiesen „up dem Wedding“ genannt wurden.

Erst zu Anfang des 17. Jahrhunderts entstanden hier wieder Ansiedelungen. Im Jahre 1601 legte der Kurfürstliche Kämmerer und Geheimrath Graf Schlick von Passau und Weißkirchen ein Vorwerk an, und errichtete darauf Meierei- und Schäfereigebäude. Zwei Jahre darauf kaufte der Kurfürst diese Besitzungen an sich, legte Ländereien dazu und schenkte sie seiner Gemahlin Katharina.

Während des dreißigjährigen Krieges scheint die Weddingbesitzung in Verfall gekommen zu sein. Unter dem großen Kurfürsten wurde die Wedding-Schäferei zum Vorwerk seiner Gemahlin in der Spandauer Vorstadt gezogen, und als man auch dies späterhin auflöste, wurden die Ländereien und Wiesen theils zum Marstall gelegt, theils verpachtet, die Gebäude aber in Erbpacht ausgethan.

Von den Erben eines späteren Besitzers, des Geheimrath Nöldichen, erwarb dies Vorwerk im Jahre 1817 der Magistrat.

Inzwischen hatte sich hier auf ehemaligem Haidelande die „Kolonie Wedding“ gebildet. Es mußten nämlich auf Befehl des Königs Friedrich II. Haideparzellen an Kolonisten zur Bebauung übergeben werden, so daß zwischen 1770 und 1780 die Kolonie Wedding von 14 Grundstücken entstanden war. Auch auf dem rechten Pankeufer waren 13 Kolonistenstellen entstanden. Seit dieser Zeit begannen auch die städtischen Behörden die Gegend in Kultur zu setzen, legten Ländereien zusammen, thaten diese in Erbpacht aus und nun entstand allmählich eine überaus freundliche Vorstadt, welche den Kern des heutigen Weddingstadttheils gebildet hat.

Den Bau der Nazarethkirche im Jahre 1832 habe ich im vorigen Kapitel erwähnt.

Gegenwärtig wird, wenige Schritte südöstlich vom Bahnhof Wedding, auf dem Platze, der von der Müller-, Fenn- und Reinickendorferstraße gebildet wird, nach den Plänen des Bauraths Orth eine Dankeskirche gebaut, welche dem Dank der Bevölkerung für gnädige Errettung unseres Kaisers aus der Gefahr, welche die beiden Attentate dem hohen Herrn brachten, einen dauernden Ausdruck verleihen sollen.

Der Thurm wird nahezu 67 Meter über der Straße hoch errichtet und in seinen oberen Theilen weithin sichtbar sein. Das Aeußere der Kirche ist in Siegersdorfer Verblendsteinen und March'schen Terracotten ausgeführt. Der Stil der Kirche beruht auf romanischer Grundlage, weil es dem Baumeister geeignet erschien, bei dieser Kirche wieder an die Traditionen unserer deutschen Kaiserzeit anzuknüpfen. Wir sehen beim Vorbeifahren den Neubau, der fast bis zum Dache gelangt ist, wenn wir die Reinickendorferstraße überschreiten. —

Am äußersten Ende der Müllerstraße, dort, wo der Weg nach Tegel weiterführt, befinden sich linker Hand die „Rehberge" auf denen in alten Zeiten eine Kirche gestanden hat, welche aus einem Wendentempel in ein christliches Heiligthum umgewandelt war. Einen „Rehberger" nennt man bekanntlich heute einen besonders rüden Jungen aus der Oranienburger und Hamburger Vorstadt. Entstanden ist der Name im Jahre 1848 von Arbeitern, die auf den Rehbergen und in der Jungfernhaide für den Spandauer Schiffahrtskanal Sand karrten. An jedem Abend des wüsten Jahres zogen diese Kanalarbeiter in unabsehbarer Menge auf der Chausseestraße nach Berlin und trieben allerlei Unfug. —

Die Bahn überschreitet im weiteren den Berlin-Spandauer Schiffahrtskanal und zwar in der Nähe des Nordhafens, der durch die Einführung der Pankeablagerungen eher einem Moor als einem offenen Wasser gleicht. Linker Hand tauchen die in gelblichem Rohziegelbau errichteten Gebäulichkeiten der „Artillerie-Schießschule“ auf, im weiteren die neuen prächtigen Bauten der an der Kruppstraße gelegenen Artilleriekaserne.

Wie bekannt, soll an dieser Stelle, zwischen dem Bahnkörper der Nordringbahn und der Perlebergerstraße der Neubau einer zweiten Artilleriekaserne zur Aufnahme des zur Zeit am Kupfergraben untergebrachten Regiments gebaut werden. Ein Pferdebahngeleise soll dann die beiden Kasernements mit dem Artillerieschießplatz in Tegel verbinden, zu welchem Behufe ein Schienenstrang durch die Perleberger- und Fennstraße nach dem Wedding gelegt wird.

Ganz dicht beim Verbindungsbahnhof „Moabit,“ an der Birken- und Bremerstraßenecke, sollen die drei Kasernements für das „2. Garde-Regiment zu Fuß“ gebaut werden. Südwestlich vom Bahnhof Moabit, in der Verlängerung der Thurmstraße und auf dem alten Terrain von Martinikenfelde sind ferner die Neubauten der Kasernements für das „Kaiser Alexander-Regiment“ projektirt. Der Norden Moabits wird in Folge aller dieser Neubauten einen gewaltigen Aufschwung nehmen.

Ganz in der Nähe des Bahnhofs „Moabit“ läuft der vorhin schon erwähnte Berlin-Spandower-Schiffahrtskanal. Von diesem noch etwas:

Im Winter 1842—43 wurde von Seiten mehrerer Privat-Unternehmer die Genehmigung zur Anlage eines Schiffahrtskanals zwischen der Spree unterhalb Berlins und der Havel oberhalb Spandows in Antrag gebracht, ein Unternehmen, welches bei dem geschlängelten Lauf der Spree auf der Flußstrecke von Berlin nach Spandow und bei dem großen Zudrang von Fahrzeugen, die von der Elbe aus, und durch den Finow-Kanal von der Oder her die Unterspree befahren, die Wasserverbindung zwischen der oberen Havel nebst dem Finow-Kanal und der Landeshauptstadt abzukürzen und zu erleichtern die Absicht hatte. Die Anlage war schon ziemlich weit vorgerückt, als die Märztage von 1848 eintraten, in Folge deren in der Hauptstadt Tausende fleißiger Arbeiter außer Brot gesetzt wurden, was die Staatsregierung veranlaßte, die Ausführung auch dieses Kanals selbst in die Hand zu nehmen. Der Kanal, dessen Bau im Jahre 1855 zu Ende gebracht wurde, ist ungefähr 5 Viertelmeilen lang. Sein Havel-Endpunkt liegt am östlichen Ufer des Tegelschen Sees, sein Spree-Endpunkt in der Nähe des Unterbaums, am rechten Ufer der Spree, wohin er nach Lennés Vorschlag gelangte, indem seine Richtungslinie dem Bette des unter dem Namen des Schönhauser Grabens bekannten westlichen Armes des Panke-Fließes zwischen dem Invalidenhause und dem Hamburger Bahnhofe folgt. Die beiden Endpunkte des Kanals liegen nahezu in der Waage. Dennoch wurde es für nöthig erachtet, ungefähr in der Mitte seiner Erstreckung eine Schiffsschleuse zu erbauen, um vermittelst derselben die zeitweilig eintretenden größeren Verschiedenheiten des Wasserstandes in der Spree und Havel auszugleichen.

Der „Humboldthafen" wie der „Nordhafen" entstanden beim Bau dieses Kanals; die Schleuse liegt in der Nähe des Plötzensees und auf der anderen südlichen Seite der Schleuse breitet sich die Gefangenenstadt, die „Neue Strafanstalt" aus, die man in Berlin auch kurzweg „Plötzensee" nennt.

Von den beiden „Plötzensee's" hier noch Einiges.

„Plötzensee".

„O hüte Deine Zunge wohl,
Bald ist ein böses Wort gesagt,
O Gott, es war nicht bös gemeint,
Der Andere aber geht und — klagt."

„Leid, meid, schweig, laß übergahn,
Das Wetter will seinen Willen ha'n."

Die „Neue Strafanstalt am Plötzensee" wurde in den Jahren 1868—78 mit einem Aufwande von circa 7 Millionen Mark, nach den Plänen des Geh. Oberbaurath Herrmann, von Spieker und

Lorenz in Rohziegeln hergerichtet. 1,600 Gefangene und 400 Beamte haben dort Quartier.

Dr. Paul Lindau und der ehemalige Redakteur der „Germania" Dr. Paul Majunke haben vor Jahren einmal die „Plötzenseeligkeit" genossen und in dieser Strafanstalt gemeinsam mehrere Wochen gesessen; und vor Jahresfrist mußte hier der liebenswürdige Dr. Levysohn einige Monate — wie der Berliner sagt — „brummen." Der Redakteur der Gegenwart hat über seine damalige „feste Anstellung" eine überaus launige Schilderung ver-

„Plötzensee." Originalzeichnung von H. Lüders.

öffentlicht, nach welcher es im Ganzen recht harmlos in „Plötzensee" zugehen soll. Die Beamten sind höchst liebenswürdige Leute, und die gefangenen Redakteure werden immer noch nicht mit Ketten geschlossen —

„Auch die Kultur, die alle Welt beleckt,
Hat sich auf Plötzensee erstreckt —"

sagt zur Hexe Mephistopheles. Dies war also „das Plötzensee," wie der Berliner sagt.

Der „Plötzensee" liegt hart am Schiffahrtskanal, besitzt

mehrere Badeanstalten und eine Militairschwimmanstalt, und ein wenig nördlich von diesem See liegt der Teufelssee.

Auch eine Sage knüpft sich an den See der Jungfernhaide. Früher in katholischen Zeiten — so heißt es — habe hier eine Kirche gestanden, die in den Abgrund sank. An ruhigen Frühlingsabenden hört man noch immer das Geläute der Glocken, welche zur Andacht rufen. Relata refero.

Seinen Namen soll der Plötzensee von den vielen Plötzen, die man aus ihm angeln kann, haben. Ob die Namensherleitung richtig, weiß ich nicht, ältere Flurkarten würden darüber Aufschluß geben. Auf der Nikolaischen Karte von der Umgegend Berlins vom Jahre 1786 wird der See schon mit „Plötzensee" verzeichnet.

Ich schließe das Kapitel mit einer Plötzenanekdote.

Als eins der Berliner Regimenter vom III. Corps im Jahre 1864 die Insel Fehmarn durch einen Handstreich einnahm, geschah dies bekanntlich dadurch, daß viele mit Soldaten besetzte Kähne bei Nacht über den Meeresarm fuhren, der Fehmarn vom Festlande trennt. Es war eine stürmische, finstere Nacht und die kleinen mit den Brandenburgern besetzten Nußschalen tanzten recht bedenklich auf dem Meerwasser, das hin und wieder auch wohl über Bord kam und die Soldaten von oben bis unten „einwässerte." Die kommende Gefahr und mehr noch die ungemüthliche Situation auf dem unbekannten Salzwasser bewirkte, daß selbst die professionellen Spaßmacher in den Kähnen allmählich verstummten und daß sich eine recht gedrückte Stimmung über die kleine Schaar zu lagern begann.

Da plötzlich erhebt sich zwischen zwei Kähnen das folgende, im echtesten Berliner Dialekt geführte Zwiegespräch:

„Aujust haste 'ne Plötze?"

„Warum Julius?"

„Stech' se in des Wasser hier, denn hast 'n Hering!"

Das zündete. Alles lachte, und verschwunden war der Alp, der die kühne Schaar bedrückt hatte. Fester griffen die Ruder in das „Plötzenwasser", schärfer lugte das Auge nach der Insel, und ohne Schuß wurde Fehmarn erstürmt.

Wir fahren weiter von „Bahnhof Moabit“ nach dem „Westendbahnhof“. Der Schiffahrtskanal folgt der Bahn zur Rechten, wir überschreiten einen Kanalarm, der von Lützow aus nordwärts zum Schiffahrtskanal führt; freundlich im lachenden Grün liegt das mit einzelnen Gehöften besetzte Pfefferluch vor uns, zur linken qualmen die Dampfschornsteine Moabits und hüllen den ganzen Nordwesten Berlins in eine recht abscheuliche Luft.

Wir wenden uns zur freundlichen Wiesen- und Waldseite, nach Norden, nach der Jungfernhaide.

Die „Nonnenwiesen“, der „Nonnendamm“ und der „Priesterdamm“, von denen wir die beiden ersteren auf der Fahrt berühren, erinnern noch heute in ihren Namen an die früheren Besitzerinnen der Jungfernhaide.

Dem „Jungfernkloster zu Spandau“ gehörte bis zur Reformation die Haide, welche sich bis zu den Besitzungen der Stadt Spandau hinzieht und seit Joachim II. dem Staate anheim gefallen ist.

Mehrere Orte in dieser Haide mahnen aber an eine noch frühere Zeit, an längst vergangene Tage, in denen die ersten Keime des Christenthums ausgestreut wurden.

Der ältere Weg nach Tegel hieß noch bis vor kurzem der heilige Bilbugsweg. Er führte an einem Wendentempel vorbei, der dem Belbog geweiht gewesen. Am Spandauer Heerwege in der Gegend des alten Hofes am Kasowschen Werder befand sich eine alte Klause, ein überdachtes Heiligenbild. Nach dieser Klause hieß das dabei belegene Luch das Klausefenn.

Die verschiedenen durch die Jungfernhaide führenden alten Wege haben wegen der nöthig gewordenen Erweiterung des Artillerieschießplatzes verlegt werden müssen. Heute kann man sich außer auf dem Königsdamm und dem Saatwinkelweg südlich vom Kanal, in Haselhorst, Saatwinkel und Tegel zur Zeit der Schießübungen nirgends aufhalten. Es ist dies ein schon häufig beklagtes Malheur, dem aber erst in späteren Jahren Abhülfe geschafft werden wird. Die ganze Artillerieschießerei muß hier fortgeschafft werden.

Ein wenig abseits vom „Königsdamm" an dem Wege, der von dem gleichnamigen Forsthause nördlich von dem Schiffahrtskanal auf die Tegeler Chaussee führt, liegt rechter Hand ein einfaches Denkmal, das Freund Lüders für unsere Leser nebenstehend gezeichnet und das an den hier stattgehabten Tod des ehemaligen Polizeidirektors von Hinkeldey erinnert.

Am 10. März 1856 brachten die Berliner Zeitungen eine Notiz, welche ganz Berlin, ja ganz Preußen in Aufregung setzte. Dieselbe lautete: „Der Generalpolizeidirektor von Hinkeldey ist heute Vormittag bei einem Duell tödtlich in die Brust getroffen und wenige Minuten nachher gestorben. Als Gegner nennt man den Herrn von Rochow auf Plessow."

Im Laufe des anderen Tages erfuhr man die Einzelheiten. Herr von Hinkeldey hatte Herrn von Rochow gefordert, der Sekundant des Polizeidirektors war der Geh. Oberregierungsrath von Münchhausen, Mitglied des Herrenhauses gewesen, und das Duell hatte in der Jungfernhaide unweit des Forsthauses Königsdamm stattgefunden. Rochows Adjutant war gleichfalls ein Rochow, ein Lieutenant von den Gardes du corps gewesen. Als Unparteiischer hatte Herr von der Marwitz fungirt, und Hinkeldey hatte den ersten Schuß gehabt. Als das Pistol versagte, hatte ihm sein Sekundant ein zweites gereicht. Er feuerte, fehlte aber. Hierauf schoß Herr von Rochow, traf seinen Gegner in die rechte Brust, der in die Arme seines Sekundanten sank. Trotz aller Hülfe, die der Arzt Dr. Hassel brachte, verschied der Berliner Polizeidirektor nach wenigen Minuten.

Seine Leiche brachte man in die Wohnung des Charlottenburger Polizeidirektors Maaß und am Abend in aller Stille nach Berlin.

Herr von Rochow-Plessow — heute Vorsitzender des Märkischen Provinzialausschusses — hatte sich vom Kampfplatz sofort nach der Königlichen Commandantur begeben und sich zur Haft gestellt. Man hatte ihm das Ehrenwort abgenommen, Berlin nicht zu verlassen. Am Abend des 10. verhaftete man ihn dennoch durch die Kriminalpolizei. Der Sekundant von Münchhausen wurde von seinen Geschäften im Ministerium des Innern suspendirt.

Das Hinkeldey-Denkmal in der Jungfernhaide.

Originalzeichnung von H. Lüders.

Die „Nationalzeitung" und die „Volkszeitung" welche, an das Duell anknüpfend, die Regierung angreifende Artikel gebracht hatten, wurden beschlagnahmt. Allerlei Gerüchte schwirrten durch Berlin, man behauptete, daß der kurzsichtige Herr von Hinkeldey von Herrn von Rochow zum Duell gedrängt sei, weil er den im Hotel du Nord tagenden „Jockey-Club" aufgelöst hätte, daß, wenn

Rochow im Duell geblieben wäre, ein zweites und drittes Clubmitglied den Polizeidirektor gefordert hätten.

Später, durch die Erklärungen des Staatsanwalts Noerner, hat sich der Sachverhalt herausgestellt. Danach war ein Polizeilieutenant Damm gegen den Club vorgegangen und in Folge dessen von Herrn von Hinkeldey nach Paderborn strafversetzt worden. Trotzdem waren zwischen ihm und den Mitgliedern des Clubs Reibereien entstanden, die der König persönlich versucht hatte, in einer beide Theile befriedigenden Weise beizulegen und die fast aus der Welt geschafft waren, als die — vielleicht aufgenöthigte — Forderung Hinkeldeys den Streit in anderer, blutiger Weise zum Austrag brachte.

Am 13. März geschah die Beerdigung des im besten Mannesalter Getödteten — Hinkeldey war am 1. September 1806 geboren, — der Zug bewegte sich durch die Post-, Königs- und Alexanderstraße nach dem Gottesacker. Der König selbst, sämmtliche Prinzen und die gesammte Beamtenwelt waren hierzu erschienen.

Heute erinnert das einfache Kreuz in der Jungfernhaide an den hier getödteten Berliner Beamten. Ein anderes Denkmal hat sich der vielfach angefeindete Polizeidirektor durch die Reorganisation der Berliner Feuerwehr geschaffen. Bei aller Anerkennung der Verdienste Skabell's und seines Nachfolgers wollen wir doch niemals vergessen, daß Herr von Hinkeldey uns die „Berliner Feuerwehr“, dieses mustergültige Institut, gebracht hat. —

Wir überschreiten die Spree, die hier beim Bahnübergang direkt von Süden kommend einen vollen rechten Winkel macht und eine Weile in gerader westlicher Richtung strömt.

Rechts die Spree und links der Charlottenburger Schloßgarten. Rechts weites Wiesenland, von Spreearmen und Eisenbahndämmen durchzogen, das Wasser mit weißleuchtenden Segelkähnen und kleinen Dampfern besetzt; links der lauschige Schloßpark mit seinen kleinen Wassern, seinen Schwänen und seinem „Belvedère“. Was ist das?

Das Belvedère.

„Der junge Herr ist freilich schwer zu führen
Doch, als erfahrener Gouverneur,
Weiß ich den Wildfang zu regieren,
Und afficirt mich auch nichts mehr.
Ich lass' ihn so in seinen Lüsten wandeln,
Mag ich doch auch nach meinen Lüsten handeln."

„Ihm fehlt es nicht an geistigen Eigenschaften,
Doch gar zu sehr am greiflich Tüchtighaften."
Göthe.

„Der Wöllner ist ein betriegerischer und Intriganter Pfafe" schrieb Friedrich der Große, der große Menschenkenner, im Jahre 1769 und ließ Wöllner auf die Hausvoigtei setzen. Vier Jahre später treffen wir denselben Mann als Stellvertreter des Großmeisters der „großen Mutterloge zu den drei Weltkugeln" und um eben dieselbe Zeit im Bündniß mit dem Major à la suite von Bischoffswerder, der ihn mit den Dresdener Rosenkreuzern bekannt gemacht und seine Aufnahme in diesen Orden veranlaßt hatte.

Wöllner begründete in Berlin die Rosenkreuzerloge „Friedrich zum goldenen Löwen", in welcher er Zirkeldirektor wurde, und in die Bischoffswerder gleichfalls eintrat. Durch den letzteren wurde Wöllner auch mit dem Prinzen von Preußen, dem späteren Könige Friedrich Wilhelm II. bekannt, der von dieser Zeit an (1780 etwa) immer mehr in die verderblichen Kreise theils wissentlicher, theils betrogener Gaukler gezogen wurde und der im Frühjahr 1781, unter dem Ordensnamen Ormesus, selber Mitglied der Rosenkreuzer wurde.

Das Netz war fertig, welches die beiden Intriguanten über Geist und Gemüth des zukünftigen Herrschers zu werfen gedachten.

Durch die dringenden Empfehlungen der Ordensobern und Bischoffswerders, durch sein Ordensamt als Zirkeldirektor von Berlin, durch sein geschicktes, insinuantes und den aus Mystik und Sinnenlust gemischten Neigungen Friedrich Wilhelm's sich gern anschmiegendes Wesen war Wöllner der vertraute Rathgeber des Prinzen geworden. Zumal in allen Fragen der innern Verwaltung betrachtete dieser den gewandten, geistvollen energischen Mann als sein Orakel. Es ward demselben gestattet, vom Monat Juni 1784 an dem Thronerben, dessen Königthum bei der zunehmenden Kränklichkeit des greisen Friedrich nicht lange mehr ausstehen konnte, über die mannigfachsten Gegenstände der Verwaltung Vorträge zu halten und niederzuschreiben, die dann später überwiegend zum Programm Friedrich Wilhelms II. wurden und die denselben in völliger geistiger Abhängigkeit von Wöllner zeigen.

In der Wahl ihrer Mittel, ihren Einfluß auf den allzuvertrauenden König zu wahren, waren Wöllner und Bischoffswerder wenig bedenklich. Ein förmlicher Apparat der Geisterseherei und der Gaukelei wurde hergerichtet, mittelst dessen man die Schatten Abgeschiedener citirte. Den „Schatten" spielte ein Sachse, Namens Steinert, der, längst mit Bischoffswerder vertraut, in der Physiognomik und der edlen Kunst des Bauchredens sehr geschickt war und dem man ein Gehalt von 500 Thalern aus des Königs eigener Schatulle erwirkte.

Diese Geistergaukelei, mit der schlauesten Auskundung des Königlichen Herzens, seinen innersten Regungen und Wünschen betrieben, diente nicht nur dazu, den König immer fester an Bischoffswerder und Wöllner zu fesseln, sondern auch Dinge durchzusetzen, die Beide direkt nicht vom Könige zu erlangen vermochten. Vorhersagungen und Rathschläge aus dem Munde geheimnißvoller Schatten waren natürlich viel wirksamer, als aus dem sterblicher Menschen. Dabei diente der Kammerdiener Rietz hauptsächlich als Kundschafter bei der Person des Königs.

Ein Hauptheater, in welchem diese Gaukeleien zur Aufführung gelangten, war das Belvedère im Schloßgarten zu Charlottenburg. Andere Stätten, an denen man den schwachen König mit ähnlichem Hokuspokus zu verwirren versuchte, waren das Palais der Gräfin Lichtenau, Unter den Linden, eine Grotte auf dem Gute Marquard, das Bischoffswerder gehörte, ferner ein am Fuße der Terrasse von Sanssouci gelegenes Haus.

Im Belvedère aber spielte sich eine Hauptgeistervorstellung ab.

Als ein runder Bau, mit vier angeklebten Balkonhäusern und kupfernem Dachhelm, so präsentirt sich heute dieses verstaubte Spuktheater aus der Lichtenauzeit. Es liegt auf der äußersten Nordseite des Schloßgartens, dicht an der Spree und noch hinter

Das Belvedère im Schloßgarten von Charlottenburg.
Originalzeichnung von H. Lüders.

dem Karpfenteich. Der Bau hat ein Erdgeschoß und zwei Etagen, zu denen eine von einem sauberen Eisengitter eingefaßte Treppe führt. Die Einrichtung beider Stockwerke ist dieselbe; ein einziges saalartiges Rundzimmer.

Die Fußböden sind parquettirt, die Wände getäfelt, krystallne Leuchter allüberall. Der untere Saal wirkt düster, der obere freundlich. In den beiden Sälen lehnen sich je zwei Balkons und ein Cabinet an den Rundbau an.

In dem Cabinette des oberen Saals, das mit Wandleuchtern von Goldbronce reich verziert ist, saß König Friedrich Wilhelm II. und wartete auf die Erfüllung seines Wunsches, die Geister Mark Aurels, des Großen Kurfürsten und des Philosophen Leibnitz erscheinen zu sehen.

Und sie erschienen. Der König fiel in Ohnmacht und Bischoffswerder führte den zum Tode Erschöpften nach seinem Wagen.

Von jenem Abend des Jahres 1790 an stand das Belvedère 50 Jahre lang leer. Weder Friedrich Wilhelm II. noch sein Sohn betraten jemals diese Schaubühne für eine Geisterkomödie. Erst der Enkel, Friedrich Wilhelm IV., machte bekanntlich den Versuch, den Bann der Lichtenauzeit zu brechen. Das Marmorpalais sah wieder Bewohner und im Belvedère zu Charlottenburg saß der König häufig an stillen Sommerabenden bei Theegeplauder, schaute das Spreethal hinunter, freute sich der Segelkähne, der rasselnden Züge, die vorbeisausten und des prächtigen Blickes in die Mark bis über Spandau hinaus.

Seit der Krankheit des Königs seit 25 Jahren, schläft das Belvedère auf's neue. Vielleicht, nun die liebliche Tochter unseres Kronprinzen, Charlotte, mit ihrem Gatten und Töchterchen ihre Residenz im Charlottenburger Schloß genommen hat, wird der alte Spuk verscheucht werden. Vielleicht beginnen die drei Roccocogenien auf's neue ihren Tanz, die jetzt griesgrämig niederschauen, denn nur

verschlossene Fenster,
nichts ein noch aus,
nur Spinnen und Gespenster
sind jetzt hier zu Haus. —

Wir fliegen am Spandauer Berg, wo allmonatlich der berühmte Charlottenburger Pferdemarkt abgehalten wird, und vor den Städtischen Wasserwerken vorbei, fahren unter der Spandauer Chaussee durch und erreichen wiederum Bahnhof Westend.

Achtes Kapitel.

Der „Grunewald“ und die Seen in demselben. — „Station Fr. Wilh. Richter“ und „Station Ilges“. — Wilmersdorf, Friedenau, Dahlem, Schmargendorf, Steglitz und Schöneberg. — Tempelhof, der „Templerhof“ und der „Hanneshof“ darinnen, und seine alte Kirche.

„An einem Sommermorgen,
Da nimm den Wanderstab
Es fallen deine Sorgen,
Wie Nebel von dir ab.
Des Himmels heitre Bläue
Lacht dir ins Herz hinein
Und schließt, wie Gottes Treue,
Mit seinem Dach dich ein.“
Th. Fontane.

Wir fahren von „Westend“ zum Bahnhof „Grunewald“, oder zur „Station Richter“, wie die Stadtbahnbilleteusen sagen, einem weithin leuchtenden aber sehr einfachen Hause in rothem Ziegelrohbau. Im Gegensatze zu „Station Richter“ heißt Station „Hundekehle“ am Schalter der freundlichen Billetverkäuferinnen stets „Station Ilges.“

Hier ist der Eingang zum „zweiten Thiergarten“, zur Spandauer Forst, die Nikolai „die Grunewald'sche Forst“ nennt, und die darum so besonders schön ist, weil eine ganze Reihe von Seen darin und die Havel an ihrem Rande fließt.

Früher hieß diese Forst auch amtlich „die Grunewald'sche,“ heute wird sie nur noch in der Volkssprache so genannt. Den Namen empfing sie von dem gleichnamigen Jagdschloß, das der prachtliebende Kurfürst Joachim II. auf der Stätte erbauen ließ, auf der er einst zwei kämpfende, mit den Geweihen eng verwickelte Hirsche erblickt hatte. Heute noch lautet eine über der Eingangspforte angebrachte Inschrift: „Nach Christi Geburt, 1542, unter Regierung des Kaiserthums Karl V. hat der durchlauchtigste Hochgeborene Fürst und Herr Joachim II. Markgraf zu Brandenburg, des heiligen Römischen Reichs Oberfeldhauptmann, dies Haus zu bauen angefangen, und den 7. März den ersten Stein gelegt und „zum grünen Wald“ genannt.“

Vor vielen, vielen hundert Jahren, in vorhistorischer Zeit, lief bekanntlich die Oder im heutigen Spreebett an Berlin vorbei, richtiger an der Stelle, wo heute Berlin liegt. Während der eine Oderarm bei Spandau die Havel aufnahm, zweigte sich ein zweiter Wasserarm dort, wo heute Dorf Lützow bei Charlottenburg liegt, in mehr südwestlicher Richtung ab, durchlief den Grunewald und vereinigte sich am heutigen Wannsee wieder mit dem Hauptstrome.

Die breite Sumpfwiese, welche gegenüber der Charlottenburger „Flora" liegt, dann der Lietzensee, im weiteren der hohle oder „Halensee," der Hundekehlensee, der Schloßsee mit dem langen Luch, an dessen Ufer Jagdschloß Grunewald steht, der Rhinmeistersee, die krumme Lanke, der Schlachten- und Niklassee sind die heutigen Ueberbleibsel des Strombeckens, das vor mehr denn tausend Jahren die Oderwasser zum Wannsee führte. Auf älteren Karten sind diese Seenkette und die sie zum Theil verbindenden Moore noch deutlicher als heute zu verfolgen.

Bei unserem Bahnhofe „Grunewald" liegt der „hohle" oder Halensee und dabei das Wirthshaus, das der zu früh gestorbene Friedrich Wilhelm Richter gründete, der sich das nicht genug zu lobende Verdienst erworben hat, die Bierverhältnisse Berlins durch Stiftung vortrefflicher Wirthshäuser zu verbessern. Hier ist bereits das erste „Mitsommerfest" gefeiert, hierher pilgern in den Wochentagen die Damen und Herren unserer oberen Zehntausend. Der junge Lieutenant mit der alten Devise:

„Jungfrauen mit rothem Gold
Bleibe ich allezeit treu und hold"

schneidet bereits am Halensee so vortrefflich die Cour, wie im Zoologischen Garten an den Concerttagen; und das Volk, die untere Million, fluthet an Sonn- und Festtagen mit der Stadtbahn an den Halensee, wie früher mit dem Kremser nach Schlachtensee und Pichelswerder.

Seit Erlaß des neuen Forstpolizeigesetzes ist freilich das Hauptvergnügen am Grunewaldforste, die Lagerung im Walde, zum Kuckuk gegangen. Einem liberalen Minister verdanken wir dieses schöne Gesetz, das in seinen Ausführungsbestimmungen künftighin neben jede Walderdbeere einen Jäger stellen will.

„Da Sankt Peter an den Hof kam, da wurde er ein Hofmann,“ heißt ein gutes altes deutsches Sprüchwort, das heute noch Geltung hat.

Jetzt sucht man das Gesetz so harmlos hinzumalen wie möglich, vielleicht, weil man fühlt, welcher Fehler begangen ist. Für solche nachherige Bemäntelung gilt das gute alte Sprichwort: „Faule Entschuldigung ist so viel nütz, wie Adam's Feigenblatt zu Hosentuch.“ —

Doch „Station Richter“ ist empfehlenswerth. Und wenn erst die Spargelpflanzungen — pardon — die Kastanien- und Lindenbäume etwas mehr Schatten werfen, wenn das Kurfürsten-Avenue-Projekt eine hübschere Kommunikation hergestellt hat und damit der fürchterliche Engpaß am Zoologischen Garten beseitigt ist, den die Kommune Charlottenburg dort, wo sie an Berlin grenzt, mit ganzer Sorgfalt bewahrt, — dann wird das prächtige Halensee-Lokal werden, was in früheren Jahren die renommirten Gartenlokale des Thiergartens, wie Hofjäger ꝛc. für die Berliner gewesen sind. —

Vom Bahnhof „Grunewald“ fahren wir nach dem Bahnhofe „Wilmersdorf-Friedenau“, der so recht in der Mitte zwischen diesen Dörfern und Dorf Schöneberg liegt, der aber dennoch verlegt werden soll, weil er Allen zu weitab und Niemandem nahe genug liegt. Bei der Vorbeifahrt sehen wir auch Schmargendorf (Schmariendorf), Dahlem und Steglitz mit seiner schönen Kirche und seinem dunkelgrünen Berge, dem ehemaligen Schloßparke und Sommersitze Papa Wrangels.

Friedenau, eine Gründerkolonie aus dem Anfang der 70er Jahre, gewährt von diesem Ringbahnhofe aus einen weit stattlicheren Anblick, wie von der Station der Potsdam-Magdeburger Eisenbahn. Friedenau wirkt von hier aus nicht nur „blau“, sondern als eine ansehnliche Villenstadt mit den freundlichsten Gartenanlagen.

Wilmersdorf hat nach Nordost hin, nach dem Hopfenbruche auch einen Gründungsauswuchs erhalten, ebenso nach Charlottenburg zu.

Wilmersdorf, früher auch Wilhelmsdorf und zur Unterscheidung von dem bei Trebbin gelegenen Dorfe Wendisch-Wilmersdorf auch Deutsch-Wilmersdorf genannt, zur Zeit Albrechts des Bären von einem Wilmar oder Wilhelm gestiftet, kommt in Urkunden bereits im Jahre 1295 vor. Und zwar befand sich dort eine Kirche, in welche das Dorf Lützow (aus dem später Charlottenburg entstanden ist) eingepfarrt war.

Nach einer Urkunde vom Jahre 1355 hatte ein Berliner Bürger Johann Wipert vom Markgrafen ein Eigenthum von 8 Hufen im Dorfe „Willamstorp", wie es damals hieß, und im Jahre darauf erhielt ein anderer Berliner, Merkel Pletner einen Hof mit 4 Hufen. Das Landbuch von 1375 führt jedoch bereits andere Besitzverhältnisse auf. Nach diesem hatte Blumenhagen 10 Hufen, Rudolf von Wilmersdorf 8 zu seinem Hofe und Heise von Wilmersdorf 3 zu seinem Hofe. Das höhere Gericht hatten die beiden Erstgenannten, jeder zur Hälfte. Im Jahre 1480 werden die Wilmersdorfs als alleinige Besitzer des Dorfes aufgeführt; wenige Jahre später, 1506, aber werden 2 Gutsantheile genannt und zwar der Wilmersdorf'sche und der kurfürstliche. Der böse dreißigjährige Krieg zerstörte das Besitzthum der alten brandenburgischen Familie. Zwischen den Jahren 1646 und 1652 erwarb darum der Kurfürst auch den ersten Gutsantheil von Henning von Wilmersdorf und gab die Verwaltung des ganzeu Dorfes an das Amt Mühlenhof ab. Das ehemalige Rittergut wurde als Vorwerk und Schäferei benutzt,.später aber an die Familie von Eckardstein veräußert. Eine Frau Baronin von Eckardtstein, geb. Gräfin von Hertzberg, besaß Wilmersdorf noch vor 20 Jahren.

Von den 8 Hufnergütern wurden fünf im dreißigjährigen Kriege wüst, zu deren Wiederbesetzung man genöthigt war, Anzügler aus der Fremde zu nehmen. Es waren nur Duwenger, Wegno und Luhme von den alten Hüfnern übrig geblieben, dagegen war Rohrbeck von Marienfelde, Holwege von Lankwitz,

Krüger von Sonnenwalde, Dubro aus dem Wendischen und Frost aus Zehlendorf angezogen.

Im Jahre 1624 hatte Wilmersdorf 124 Bewohner, 1856 946 und 64 Wohnhäuser.

Heute ist Wilmersdorf nicht mehr recht Dorf und noch keine Stadt. Es will sich zu letzterer herausmausern und streckt seine Fühlhörner nach Charlottenburg, Schöneberg und Berlin aus. Es dürften jedoch noch Jahrzehnte darüber vergehen, ehe der Zwitterzustand, in dem sich Wilmersdorf gegenwärtig befindet, schwindet. —

Ein weniges südwestlich liegt Schmargendorf. Die Ringbahn durchschneidet mittewegs die Schmargendorf mit Wilmersdorf verbindende Landstraße und fährt unter derselben hindurch.

Alte Karten schreiben Smariendorf und in ältester, Anhaltinischer Zeit hieß der Ort Marggrafendorf. Das Dorf ist von Albrecht dem Bären angelegt und befand sich lange Zeit hindurch im ausschließlichen Besitz der Anhaltiner Fürsten. Später besaßen die Herren von Wilmersdorf, ein Lamke Faltner verschiedene Hufen. Das Schoßregister vom Jahre 1450 aber führt an, daß Smargenendorff Altargut sei, daß der Altar Sigismundi der Berliner Marienkirche die gutsherrlichen Rechte besäße. Das kam daher, weil Marggraf Otto im Jahre 1370 zum Seelenheil seiner Nachkommen den Altar des heiligen Märtyrers Sigismund in der Marienkirche zu Berlin mit dem ihm gehörenden Gute dotirt hatte. Und seit dieser Zeit änderte sich auch der alte Name aus Marggrafendorf in St. Mariendorf und Smariendorf um, aus dem dann die heutige Schreibweise Schmargendorf entstand.

Kurfürst Joachim II. zog die Besitzungen der Kirche ein und übergab den St. Mariendorfer Besitzantheil — eine Hälfte besaß Joachim von Wilmersdorf — an den Amtmann seines Mühlenhofs Vorhauer zu Lehen, dessen Nachfolger im Besitz im Anfang des 17. Jahrhunderts Hypolito de Montius war, dann der Erbhofmarschall Gans zu Putlitz, später Hans von Wilmersdorf. —

Bis zu Ende des vorigen Jahrhunderts besaßen die Wilmersdorfs die beiden Gutsantheile; von ihnen erwarb es der Graf von Podewils auf Gusow, von dem es der Großkanzler von Beyme erkaufte. Dieser vererbte es im Jahre 1840 auf seine Tochter, die Landräthin von Gerlach, welche es bald hierauf an den Domainenfiskus veräußerte.

Die Bauerngüter hatten auch hier während des 30 jährigen Krieges furchtbar gelitten. Ein einziger Besitzer war am Leben geblieben, der Schulze Liberius Pahne. Erst 1652 gelang es, die Höfe wieder zu besetzen. Es zogen an: Bernhard Drechseler, ein kaiserlicher Reiter aus der Steiermark, Richenow von der Wieße und Schröder aus Wilmersdorf.

Die Hauptstraße von Tempelh

Originalzeichnung v

Das Dorf lehnt sich mit dem Waldschlößchen an den Grunewald und ist noch ganz Dorf geblieben. Die alte Klosterkirche mit ihrem Fachwerkthurm, der Dorfteich, vulgo „Puhl“, die mehr denn 200jährigen Linden, die flachshaarigen Kinder, die im Dorfe spielen bieten ein überaus freundliches Bild.

Ein Stückchen südlich und gleichfalls am Rande des Grunewaldes liegt Dahlem.

Dahlem befindet sich gegenwärtig gleichfalls im Besitz des Domainen-Fiskus. In früherer Zeit vom 15. Jahrhundert bis 1671 gehörte es der Familie von Spiel, dann den Wilmersdorfs, von denen es 1799 Graf Podewils, später Großkanzler Beyme, und endlich Frau Landrath von Gerlach besaß, von welcher es an den Domainenfiskus überging.

eweiß' Restauration aus gesehen).

. (S. Seite 160.)

Vor 30 Jahren noch befand sich in Dahlem der erste optische Telegraph. Dahlem selbst zählt überaus wenig Gehöfte, doch sein altes Herrenhaus, das aus dem 16. Jahrhundert stammt, seine Feldsteinkirche und sein düsterer Kirchhof machen es zu einem interessanten Dorfe unserer Mark.

Im dreißigjährigen Kriege wurde das alte Dorf gänzlich zerstört, das einige hundert Schritte weiter als das jetzt aufgebaute im „Schießgrunde“ lag. Noch heute findet man beim Ackern Fundamente der alten Feuerstellen.

Dem alten Theile der Kirche, hinter deren Thür übrigens noch der zu ihrer Vertheidigung dienende Balken eingeschoben werden kann, gehört ein Kreuzgewölbe an, welches an den Ruhepunkten der Wölbungen mit Thier- und Menschenköpfen verziert ist. Außerdem ist an einem Fenster die alte Glasmalerei erhalten, welche Maria mit dem Kinde darstellt.

Das ausgezeichnetste Stück ist der Altar mit seiner alten Holzschnitzerei. Wir haben lange davor gestanden in der Freude, ein gewiß nicht von vielen gekanntes schönes altes Kunstdenkmal an seinem ursprünglichen Platze in einer Dorfkirche so nahe bei Berlin wider Erwarten vorgefunden zu haben, und nicht minder im Nachdenken über die eigenartige Darstellung. Die Jungfrau Maria trägt nämlich in ihren Armen zwei Kinder, es soll das Jesuskind und die Kirche sein.

Der alte Taufstein ist leider nicht mehr vorhanden. In den Gewölben stehen Särge von Erwachsenen und Kindern, jedoch ist die von innen hinabführende Thür nach einem Kirchenraube vermauert worden. Einen Ersatz für den Besuch des Gewölbes bieten die bronzenen Grabschriften hinter dem Altar.

Dies sind drei Tafeln mit den Wappen von Stoiszloff, Schlabrendorff, Haken, Below und Barby für

1. Cuno Hans von Wilmersdorff † 1720.
2. Catharina Elisabeth von Wilmersdorff † 1711.
3. Georg Friedr. von Wilmersdorff 1665—1714.

Dieser Letzte, der, wie es scheint, ohne Erben gestorben ist, hat „10 Kampagnen in Ungarn und Braband“ mitgemacht; vielleicht stammen daher drei an der Decke befestigte Fahnenstangen. Die kaum noch erkennbaren Tücher werden in einer Nische verschlossen aufbewahrt. Außer diesen Trophäen befinden sich in der Kirche noch zwei Degen und Sporen, ferner eine Stammtafel mit Wappenschildern, auf deren unterstem Hacken zu lesen ist, und eine Platte, über deren Bestimmung ich nichts anzugeben vermag.

Nachdem wir diese Alterthümer in Augenschein genommen hatten, gingen wir zum Thurme. Auf der Thurmseite der Kirche steht die vermuthlich auf ihre Wiederherstellung bezügliche Inschrift:

1679 soli deo gloria.

Wir stiegen die morsche Treppe hinan, sie führt zugleich zur Wohnstube des ehemaligen Telegraphisten, nach dessen Akten man den Bodenraum der Kirche vergeblich durchsucht hat. Der Knopf des Thurmes soll noch nicht geöffnet worden sein. Von den drei Glocken sind die kleineren ohne Inschrift, auf der großen konnte ich nur lesen:

o rex gloriae . . . . cum pace.

Nachdem wir die Kirche verlassen, durchschritten wir den Kirchhof. Von den alten Gräbern haben sich nur drei Steine erhalten, einer liegt noch an seiner Stelle, jedoch ist die lange Inschrift jetzt überwachsen, ein anderer ist unlesbar, der dritte trägt die Jahreszahl 1621. —

Genau südlich vom Bahnhof Wilmersdorf-Friedenau über Friedenau fort sehen wir den Schloßberg und die Kirche von Steglitz.

Steglitz war einst der Stammsitz der 1242 auch zu Ahrensdorf begütert gewesenen Familie von Steglitz. Später und insbesondere im Jahre 1413 besaßen die von Torgow zu Zossen das Dorf, bis es 1478 dem Kurfürsten als erledigtes Lehn wieder zufiel. Dieser gab es einem, Namens Schum, der auch Dorf Bukow zu Lehn besaß. — „Steglitz heth Schum von mynem hern tho lehne“ heißt es im Schoßregister vom Jahre 1480 — dessen Familie es bis 1542 behielt. In diesem Jahre veräußerte der Lehnssekretair Joachim Schaum Pächte und Zinsen im Dorfe Steglitz an Peter von Spil zu Dahlem. Noch im Jahre 1670 befand sich die Familie von Spil im Besitze des Dorfes, welches alsdann an einen von Kalenberg gelangte, später im Jahre 1724 an Herrn von Kamecke, 1778 an einen Grafen Reuß, königl. Obermarschall und Minister, 1782 an den Obersten von Fronhofer, dann an dessen Wittwe, eine geborene von Holtzendorf, 1784 an den Großkanzler von Carmer, 1795 an den Geheimen Oberfinanzrath von Kamecke, 1801 an den Kammerhern Freiherrn von Eckardtstein, dann an den Großkanzler von Beyme, dessen Tochter, Frau von Gerlach, es nach seinem Tode zusammen mit Dahlem, Schmargendorf und dem Vorwerke Ruhleben 1841 an den Domainenfiskus veräußerte.

Im Jahre 1848 wurden die Ländereien des Ritterguts in viele Parzellen zerlegt und veräußert, und von dem Rittersitze blieben nur die Gebäude mit dem Park im Besitze des Domainenfiskus zurück. Das Steglitzer Schloß, zu Anfang des Jahrhunderts gebaut, diente 10 Jahre lang zur Sommerresidenz des Generalfeldmarschalls Wrangel.

Der vorerwähnte Großkanzler Beyme, der von Friedrich Wilhelm III. in den Freiherrnstand erhoben wurde, ist am 8. Dezember 1838 in Steglitz gestorben.

Als der Sohn eines schlichtbürgerlichen Feldchirurgen wurde er am 10. Juli 1765 zu Königsberg in der Neumark geboren, erklomm allmälig alle Staffeln im Preußischen Staatsdienst, wurde geadelt, im Jahre 1816 sogar in den Freiherrnstand erhoben, und zählt zu den hervorragendsten Staatsmännern Preußens.

Er hatte in Halle a. S. Jura studirt, war zum Kammergerichtsrath befördert worden und wurde im Jahre 1800, als der Großvater des Reichskanzlers Fürsten Bismarck, der Geheime Kabinesrath Mencken sich zurückzog, zum Nachfolger desselben im Kabinet des Königs ernannt. Beyme's Stellung wurde naturgemäß, zumal ihm sein klarer Vortrag des Königs Vertrauen gewonnen hatte, eine überaus einflußreiche. Weder Stein noch Hardenberg liebten ihn, und nach dem Rücktritt des Letzteren wurde Beyme zum Großkanzler im Justizministerium ernannt. Als dann wieder Hardenberg zur Anstellung gelangte, nahm Beyme 1810 seinen Abschied als Großkanzler, fungirte eine Zeit lang als Civilgouverneur von Pommern und trat erst wieder 1814 in den regelmäßigen Dienst als Mitglied des Staatsrathes für Justizsachen. Daneben hatte er Sitz und Stimme im Staatsministerium.

Zusammen mit den Ministern Boyen und W. von Humboldt nahm Beyme 1819 weil er der wachsenden Reaktion nicht mehr Einhalt thun konnte, seinen Abschied, lebte zurückgezogen auf Schloß Steglitz und starb hier zwanzig Jahre später. Sein einziger Sohn ist im jugendlichen Alter gestorben. —

Was die Bauerhöfe betrifft, so sind die meisten derselben während der Wirren des 30jährigen Krieges wüst geworden und wurden damals mit neuen Wirthen von außerhalb besetzt. So kam der Schulze Seitebauer aus Hönow, Bauer Weber aus Mittenwalde und Massute von Schmargendorf, während die Kossäthen Seyke, Kumpen und Rochow aus Rüdersdorf, Löwenberg aus Marienfelde anzogen.

Fast unmittelbar neben dem historischen Wrangelpark lehnt sich der in rothen Verblendsteinen ausgeführte neue Kirchenbau an den weithin sichtbaren Fichteberg an, und bietet mit seiner schlank emporwachsenden massiven Thurmspitze auf dem dunkelgrünen Hintergrunde ein anziehendes Bild. Diese Kirche ist von dem Potsdamer Bauinspektor Gette vor wenigen Jahren im Sinne der norddeutschen Backsteingothik gebaut und zählt zu den geschmackvollsten Kirchenbauten der Berliner näheren Umgebung. —

Ein hochinteressantes Etablissement besitzt Steglitz in der von J. A. Heese dort begründeten Seidenbauanstalt, Seidenhaspelei, Spinnerei und in der gegen acht Hektar einnehmenden Maulbeerbaum-Anpflanzung.

Auf der Berliner Gewerbe-Ausstellung, welche des Schönen und Interessanten so mancherlei bot, nahm in der Textilgruppe ein in Thätigkeit gesetzter Seidenhaspel die Aufmerksamkeit des Publikums ganz besonders in Anspruch. Man sah dort, wie mit Hülfe einer sinnreich construirten Maschine die feinen Fäden mehrerer Cocons zu einem einzigen stärkeren Faden vereinigt wurden und konnte die subtilen Manipulationen beobachten, welche nöthig sind, um aus dem Gespinnst der Seidenraupe ein für den Webstuhl brauchbares Material zu gewinnen. Von besonderer Bedeutung war ferner der Umstand, daß die Cocons von Seidenraupen herrührten, die in der nächsten Nähe von Berlin, in dem freundlichen Nachbarorte Steglitz, gezüchtet waren und ihren Lebenslauf vom Ei (Grain) bis zur eingesponnenen Puppe auf deutschem Boden, in der Mark, durchgemacht hatten.

Wie die Seide gewonnen wird, das setze ich als bekannt voraus. Möchte nur erwähnen, daß die Steglitzer Seidenbauanstalt ein Raupenhaus mit drei Etagen in einer Gesammtfläche von 790 Quadratmetern besitzt; und daß in guten Jahren bis 800 Kilogramm Cocons gewonnen werden.

Seine Entstehung verdankt das Etablissement dem Begründer der Firma, Johann Adolf Heese, der am 11. Juni 1783 zu Berlin geboren wurde. Er erlernte die Seidenwirkerei zunftgemäß und fungirte von 1807 bis 1822 als Werkführer in zwei der damals größten Seidenwaaren-Fabrikgeschäfte. Praktisch und technisch gebildet, begründete er im Jahre 1822 in dem später von ihm gekauften Hause an der alten Leipzigerstraße sein Geschäft und trat bald darauf, nachdem er in der Seidenfabrikations-Branche die Vorzüglichkeit der inländischen Seide schätzen gelernt und die Einträglichkeit des Seidenbaues für den kleinen Züchter selbst erkannt, sowie sich von der Möglichkeit einer weiteren Verbreitung dieses Kulturzweiges überzeugt hatte, als Pionier für den Seidenbau in der Mark Brandenburg neben dem Regierungsrath v. Türk auf, indem er 1840 die erwähnte Steglitzer Maulbeerbaumplantage und gleichzeitig eine Magnanerie mit einer Filanda und Zwirnerei anlegte. Im Jahre 1855 vereinigte Heese die Gabain'sche und später auch die Rimpler'sche Seidenwaaren-Fabrik mit der seinigen und starb am 25. März 1862 in Steglitz.

Der Ringbahnhof Schöneberg ist bekanntlich von seiner alten Stelle weg weiter nach Berlin zu verlegt, an die Colonnenstraße. Weil wir nicht nach dem Potsdamer Bahnhof fahren wollen, steigen wir hier aus, warten auf den rückkehrenden

Zug, der uns weiter nach „Templow" bringen soll und schauen uns zunächst etwas in Schöneberg um.

Dorf Schöneberg hat Büsching in seiner vor 100 Jahren herausgegebenen und 1780 in Frankfurt erschienenen Reisebeschreibung „Meine Reise nach Rekahne" geschildert; hören wir zunächst, was dieser alte Berliner Gymnasialdirektor*) schreibt:

„Bei dem botanischen Garten fangen die böhmischen Colonisten-Häuser an, welche auf dem von ihnen benannten Böhmerberge erbaut sind, auch Neu-Schöneberg genannt werden, weil sie sich bis an das Dorf Schöneberg erstrecken, welches nun Alt-Schöneberg heißt. Der Grund und Boden gehört zu dem Amte Mühlenhoff Berlin, dem auch jedes Haus einen Grundzins von 2 Thlr. 12 Gr. entrichtet. 1750 wurden auf königl. Kosten und unter der Oberaufsicht des Gen. Maj. von Retzow 20 doppelte Familienhäuser erbaut und 1751 mit 20 böhmischen Familien besetzt, deren jede einen eigenen Grundbrief bekam. Zu jedem Hause sind 3—4 Morgen Land geschlagen, einen Morgen zu 180 Quadratruthen gerechnet. Es ernähren sich aber diese Böhmen als Zeugmacher und Leinweber. Sie gehören zu der Böhmischen Kirche in der Wilhelmstraße. Auf jedem Hause haftet eine Schuld von 100 Thalern zu 5 Prozent Zinsen, welche nach dem 1763 geendigten Kriege ein jeder Eigenthümer zur Wiederherstellung seines beschädigten Hauses geliehen hat.

„Alt-Schöneberg ist vermuthlich ein altes Dorf, das älteste aber, was ich davon weiß, ist dieses, daß 1580 am Donnerstage nach Elisabeth erkannt worden, der Pfarrer habe sein

---

*) Dr. Anton Friedrich Büsching, königl. Oberkonsistorialrath und Direktor des vereinigten Berlinischen und Cöllnischen Gymnasiums, wurde 1724 zu Stadthagen im Lippeschen geboren und 1766, nachdem er in Petersburg einer Schulanstalt vorgestanden, zum Direktor des Gymnasiums zum Grauen Kloster erwählt. Er schrieb eine „Erdbeschreibung" 2c. und starb in Berlin am 28. Mai 1793. In seinem Garten Gollnowstraße Nr. 30 wurde er beigesetzt und ihm ein Stein mit der Inschrift errichtet: „Hier im Schooß der Erde schlummert ihr Beschreiber."

jährliches Meßkorn. Das Dorf liegt auf einer Höhe, welche man bei der ersten Erbauung des Orts für einen schönen Berg, wenigstens in Ansehung der Aussicht gehalten haben muß, weil man das Dorf danach benannt hat. Hat ein Freigut mit drei Hufen Land, welches jetzt Herr Direktor Schwarz besitzt, 14 Bauern à 3 Hufen, 7 Kossätenhöfe, einen Krug mit 4 Hufen ꝛc. Am 7. Oktober 1760 wurde das Dorf von den Russen angezündet und brannte ganz ab. Der neue Bau der Kirche ist 1764 vollendet worden. Das Dorf bringt jährlich 462 Thlr. 19 Gr. auf. Dieses Geld gewinnen die Unterthanen vornehmlich durch den Bau des Weißkohls, der Kartoffeln und der sogenannten Stapelerbsen. Weil die Weide schlecht ist, ist auch die Viehzucht nicht erheblich. Es sind hier nicht viel über 100 Kühe und beinahe 500 Schafe. Das Quart guter Kuhmilch kostet jetzt (1780) in Berlin 1 Gr. 6 Pf. und das Quart Schafmilch wird für 2 Gr. verkauft. Es muß aber in den Thoren der Stadt für 2 Quart Kuhmilch 1 Pf. Accise bezahlt werden. Holz müssen die Schöneberger aus der Spandauer Heide holen. Der erste Viertelmeilenzeiger vom Dönhofsplatz steht gleich hinter der Schafbrücke, der zweite auf der Sandscholle diesseits des botanischen Gartens.“ Soweit Büsching.

Unser Brandenburgischer Altforscher Fidicin weiß mehr von Schöneberg zu erzählen. Nach ihm wird des Orts zuerst in einer Urkunde von 1264 gedacht, in welcher Markgraf Otto dem Jungfrauenkloster zu Spandau 5 Hufen im Dorfe „Sconenberch“, wie er selbst sie bisher besessen hatte, überläßt. Nach dem Landbuche vom Jahre 1375 hat „Schonenberge“ 50 Hufen, davon der Pfarrer 2, der Berliner Bürger Johannes Rike 10, der Cölner Paris 12 Hufen, ferner die Nonnen in Spandau, die Kalandsbrüder in Berlin, und die Bürger Gortzik, Ruthenik und Rathenow mehrere Hufen.

Im Jahre 1416 hatte Tyle Paris den größten Besitz im Dorfe, ebenso die gutsherrlichen Rechte; wogegen im 16. Jahrhundert zu Schöneberg sich ein dem Amte Mühlenhof beigelegtes kurfürstliches Vorwerk befand, das in den drei Feldern, dem

Tempelhof'schen, Mittel- und Steglitz'schen Felde gelegen war. Der ehemalige Rikesche Hof war an Claus und Hans Sturm

Der alte Potsdamer Bahnhof in Berlin und der erste Eisenbahnzug vom Jahre 1838.
Originalzeichnung nach einem alten Kupferstich.

abgetreten, von dessen Erben er 1624 an den Hofschneidermeister Barthel Schlezer kam. Bäuerliche Wirthe gab es im 16. Jahrhundert: einen Wahlschulzen, ferner 8 Vierhufner, 1 Dreihufner und 8 Kossäthen. Der größte Theil dieser Höfe wurde während des dreißigjährigen Krieges wüst, nur 4 Besitzer blieben, und die wüsten Höfe mußten mit Leuten aus fremden Orten besetzt werden. Von den Hüfnern waren nur der Schulze Kratz und der Bauer Gürge Hewaldt noch übrig geblieben; 4 Bauern kamen aus anderen Orten, Martin Krause aus Lüdersdorf, Barthel Sorge aus Köpenick, Stefan Schulte aus Rosenthal und Mathis Schelk aus Spandow. Der „Landreiter" berichtet ferner im Jahre 1652: „Von den Kossäthen ist Joachim Hewald und Hans Kratz noch da, Graffe ist von Ruhlsdorf, Hennike von Woltersdorf, Lehmann von Miersdorf, Blisse von Steglitz und Krüger von Mittenwalde angezogen."

Die Schöneberger Millionäre mögen dieses Verzeichniß darauf hin durchsehen, welche Familien hiervon heute noch dort ansässig. Von den Hewald's weiß ich's.

Vorhin ist auch des Schöneberger Kirchenbau's v. J. 1764 Erwähnung gethan. Daran möchte ich noch die Bemerkung knüpfen, daß die Schöneberger Pfarre heute sammt denen von Mariendorf, Giebichenstein bei Halle und einer auf der Insel Rügen die vier fettesten Pfründen im Preußischen Staate bilden. Die Schöneberger und Mariendorfer Hirten wurden ganz wie die von ihnen Gehüteten reich durch Baustellenverkauf resp. Grundstückverkauf an die Potsdamer und Anhalter Eisenbahn und an Berliner Baulustige. Sie haben ihren Decem weg und brauchen ihn nicht mehr zu erbitten, wie jener Diaconus zu Havelberg, Namens Strube, der seinen andächtigen Zuhörern einst von der Kanzel zurief:

„Drespen, Raden und Vogelwicken
Sollt ihr mir nicht zum Decem schicken;
Ich predige Euch das Wort Gottes lauter und rein,
Und so soll auch mein Decem sein!"

Was den Namen „Schöneberg" betrifft, so möchte ich noch erwähnen, daß es am Hofe Joachim's II. einen Schenken Wilhelm von Schönbergk gegeben hat.

Die Fahrt hin und zurück nach dem Potsdamer Bahnhofe (siehe Illustration), der jetzt eine Kopfstation der Südring=Bahn geworden ist, ist recht lästig für alle diejenigen, welche weiter hinaus nach Tempelhof und Treptow fahren wollen, denn sie bewirkt einen ganz bedeutenden Zeitverlust.

Die „Potsdamer Bahn“ ist bekanntlich am 29. Oktober 1838 eröffnet. Die Idee zur Anlegung derselben wurde 1835 von dem Justizkommissar Robert, dem Geheimen Oberbaurath Crelle und dem Rechnungsrath Doussin gefaßt, die Messungen und Nivellements fertigte der Baukondukteur Loof, worauf im Jahre 1836 die Concessionirung und am 23. September 1837 die Etablirung der Aktiengesellschaft erfolgte.

Unsere Illustration stellt die erste Bahnhofsanlage und die erste „Potsdamer Lokomotive“ dar. Am 7. August 1846 wurde auch die Strecke Potsdam=Magdeburg eröffnet, nachdem Jahre hindurch der Streit darüber gewüthet hatte, ob man zwischen Potsdam und Brandenburg bauen könne, wie die Einen, oder nicht bauen könne, wie die Anderen behaupteten.

Vor vierzig Jahren getraute man sich nicht, das „Jesericher Loch“ zu überbrücken; heute scheuen unsere Eisenbahntechniker nicht mehr vor der Untertunnelung von Meeresarmen zurück. —

Die Potsdamer= wie die Anhalter Bahn haben vor vierzig Jahren durch ihr Dasein die Entwicklung von Berlin West und Südwest sehr begünstigt. Sie haben aber auch durch die eigenthümliche Politik ihrer Direktionen bewirkt, indem sie die sämmtlichen von Nordwest nach Südost führenden Straßen mit hoher obrigkeitlicher Unterstützung sperrten, daß bis heute noch die Verbindung beider großer Stadttheile ein frommer Wunsch geblieben ist.

Wir fahren nach Tempelhof weiter, überschreiten die — Gott sei Dank! — nun auch verstaatlichte Anhalter Bahn, die Dresdner= und Militairbahn, beschauen uns die Cadettenstadt Lichterfelde, landen an der „Templower Chaussee“ und machen einen Abstecher nach dem schönen Dorfe.

Tempelhof und seine Kirche.

(Hierzu die Illustrationen Seite 152 u. 153 und Seite 167.)

„Von Alters saßen vor Berlin die Johanniterritter;
Nun trübten sie die Nachbarschaft, das war dem Rathe bitter.
Um ihre Grenzen stritten sie. Wie stark der Hauptstadt Mauern,
So führten doch die frommen Herrn zum Kampfe ihre Bauern.
Und als mit blut'gen Köpfen sie die Bürger heimgesendet,
Da hat ein großes Kaufgeschäft den argen Streit geendet."

Höpfner's Berlinische Reimchronik.

Tempelhof (1247 Templo, 1290 Tempelhoff, später wieder Tempelow und Tempelove geschrieben), wird heute noch vom echten Berliner Templow genannt.

Man könnte im Zweifel sein — schreibt Fidicin — ob man es mit einem slavischen Templowa, einer deutschen Tempel-Aue oder einem Tempel- oder Templerhofe zu thun habe, wenn es nicht bekannt wäre, daß früher daselbst der Johanniterorden einen Hof gehabt und jener den im Anfange des 14. Jahrhunderts ausgerotteten Orden der Templer*) beerbt hätte.

Die älteste, Tempelhof betreffende und uns erhaltene Urkunde datirt aus dem Jahre 1290. In derselben schenkt ein Ritter von Nybede zu seinem und seiner Ehefrau Seelenheile den Brüdern des grauen Klosters zu Berlin eine Ziegelscheune**), welche zwischen Berlin und Tempelhof lag, mit allem Recht und Zubehör. Der Besitzer der Ziegelscheune hatte das Recht, auf dem Tempelhofer Berge Ziegelerde zu graben.

---

*) Vergl. „Soldau, über den Prozeß der Templer und die gegen ihren Orden erhobenen Beschuldigungen" im histor. Taschenbuch N. F. VI (1845) p. 389. Ferner: „Die Tempelherrn und ihre Besitzungen im preußischen Staate" in Ledebur's Archiv XVI (1835) p. 97, 242, 289; ferner „Rauschnik, Darstellung des ritterlichen Ordens der Tempelherren" in dem Taschenbuch: „die Vorzeit" herausgegeben von Justi, Marburg und Cassel 1821 p. 163. Siehe auch „Dr. Brecht, das Dorf Tempelhof" Berlin 1878.

**) Fundamente einer alten Ziegelei haben sich vor längerer Zeit auf dem ehemaligen Weymarschen Grundstücke am Fuße des Kreuzbergs vorgefunden. Eine sehr alte Rüster im Garten dieses Grundstücks wurde gefällt, der Hügel geebnet, und hierbei stieß man auf Schutt und später auf einen vollständig erhaltenen Ziegelheerd, dessen Steine an Größe und Festigkeit denjenigen in den Gebäuden des grauen Klosters glichen.

Die erste Urkunde aus der Zeit der Johanniter ist vom Jahre 1344. In derselben überläßt der damalige Ordenskomthur Burchard von Arnehold mit dem ganzen Convente zu Tempelhof dem Bürger Johann Ryken zu Cöln die Präfektur oder das Schulzenamt zu Tempelhof und Marienfelde. Und in einer 14 Jahre späteren Urkunde, als Ulrich von Königsmark Komthur zu Tempelhof war, überließ der Orden den Gebrüdern Ryke jährliche Hebungen in Marienfelde.

Im 15. Jahrhundert entstanden zwischen Berlin-Cöln und dem Orden zu Tempelhof Grenzstreitigkeiten, welche den Orden zu Gewaltthätigkeiten veranlaßten, indem er von fern und nah Hülfe an sich zog und die Stadt befehdete. Auf diesen Streit beziehen sich die oben mitgetheilten Verse der Reimchronik.

Der Sturm wurde zwar von beiden Städten abgeschlagen: diese hielten es aber für gerathen, zu paktiren. Auf der Grenze des Ordensgebiets, dem heutigen Johannestische, kamen die Contrahenten zusammen. Um der gefährlichen Nachbarschaft entledigt zu werden, kauften die Städte von dem letzten Tempelhofer Comthur Nickel von Colditz für 40200 Mark heutigen Geldes den Tempelhof mit sämmtlichen dazu gehörenden Dörfern, veräußerten darauf die beiden Freihöfe und behielten sich nur die Gerichtsbarkeit und Hebungen vor.

Den Comthurhof (den heutigen Amtshof) erhielt ein Berliner Bürger Jacob Heidicke; später besaß ihn im Jahre 1500 die Familie Behrbaum, nach weiteren hundert Jahren, 1604, die Kurfürstin, welche ihn wieder dem Magistrate zu Cöln verkaufte.

Den Hahnehof (das Kreideweiß'sche Grundstück) erhielt 1435 Thomas Treskow, 1535 der Rath zu Cöln, der ihn bald wieder an den Kurfürsten veräußerte. Es gehörten zum Hofe 8 Hufen Land, ein Wohnhaus, Weinberg, Garten, Wiesen, Fischerei und Holzung. Kurfürst Joachim II. überließ den Hof seinem Mundkoche Hans Fellers, von dessen Erben er wieder an Kurfürst Joachim Friedrich und später an den Rath von Berlin gelangte.

Beide Höfe gemeinsam kamen 1621 an Libbert Müller für 21000 Mark heutigen Geldes. Nachdem dann Tempelhof im

Jahre 1630 an den Statthalter Grafen von Schwarzenberg, 1660 an den Kurfürsten und von diesem an seine Gemahlin Luise von Oranien gekommen, hierauf dem Hofprediger Cochius überlassen worden, verkaufte dessen Wittwe den Grundbesitz im Jahre 1714 an den Kriegsrath Levin von Scharden, welcher vom Magistrat auch die gutsherrlichen Rechte dazu erwarb. Spätere Besitzer waren 1749 Hofrath Reinhardt, 1776 Major von Schau, 1796 der Graf von Podewils und darauf im Jahre 1804, die Erben desselben, die fürstlich von Schönburg'schen Geschwister.

Am 18. April 1859 erwarb der Kammerherr Graf von Reichenbach-Goschwitz das Rittergut Tempelhof; am 11. Juli 1860 kaufte jedoch Fürstin Clementine von Schönburg das Gut wieder zurück.

Am 21. Februar 1863 gelangte dasselbe für 400 000 Thaler an den Banquier Jacques in Berlin, der es durch den Commissionsrath Siemsen verwalten ließ.

Nachdem verschiedene Stücke veräußert waren, kaufte den Rest der Repräsentant mehrerer englischer Privatleute, Daniel Davis in London.

Seit dem Inkrafttreten der Kreisordnung 1872 heißt der Dorfbezirk Alt-Tempelhof und der ehemalige Gutsbezirk Neu-Tempelhof. Die Pferdebahn kaufte ein größeres Terrain für Anlage eines Bahnhofs und der Militairfiskus erwarb 24 Morgen behufs Erbauung eines Lazareths.

Die englischen Privatleute ließen einen Bebauungsplan ausarbeiten und fingen an, Neu-Tempelhof mit Villen zu bebauen, welches bisher freilich nicht besonders gelungen ist. —

Im Jahre 1627 gab es in Tempelhof 15 Bauern und 5 Kossäthen. Nachdem in den darauf folgenden Jahren 13 Bauerngehöfte wüst geworden waren, gelang es doch bald, diese Gehöfte wieder zu besetzen. Die im Besitz gebliebenen Hüfner hießen Rohde und Teyle; die neu Angezogenen aber waren: Schultze von Kirchhain in Sachsen, Kiekebusch aus Teltow, Linnemann aus Lichtenberg, Michel aus dem Wendischen, Jahren ein schwedischer Trompeter aus Schweden, Nagel aus Glinike,

Wilke aus Lankwitz und Neumann aus Zepernik. Ob Einzelne dieser Gutsbesitzer heute noch in ihren Nachkommen zu Tempelhof existiren mögen?

Nach allgemeiner Annahme befand sich Tempelhof mit den Dörfern Mariendorf, Marienfelde und Rixdorf seit ungefähr 1190

Die Kirche von Tempelhof.

im Besitz der Tempelritter, bis dieser Orden durch die Bulle des Papstes und das Breve des Brandenburger Bischofs aus seinem Sitze vertrieben wurde.

„Des Babstes Fluch,
Der Juristen Buch
Und der Magd Schurztuch,
Diese drei Geschirr
Machen die ganze Welt irr!"

So sagt ein alter Spruch. Nachdem Pabst Clemens V. auf der Kirchenversammlung zu Vienne den ganzen Templerorden aufgehoben hatte, veranlaßte in Deutschland insbesondere der Erzbischof Peter von Mainz ein energisches Vorgehen gegen den Orden. In unserer Gegend war um diese Zeit Friedrich von Alvensleben Ordensmeister, nachdem in früheren Jahren ein Marggraf von Brandenburg selbst dieses hohe Amt innegehabt hatte. Der Papst hatte auch den Erzbischof von Magdeburg Burchard und die Bischöfe von Brandenburg und Meißen mittels Schreiben zur Vertilgung der Templer aufgefordert. Churfürst Waldemar aber, den die Nachwelt „den Großen“ genannt hat, der letzte Anhaltiner, nahm sich des Ordens an und ließ die Ordensmitglieder theils in den Johanniterorden aufnehmen, theils mit anderweitigem Unterhalte wohl versehen. Auch auf dem Tempelhofe erschien 1312 der markgräfliche Vogt des Teltow und forderte dem Commendator die Schlüssel ab. Der Markgraf

Die Kirche von Britz.

setzte sich in den Besitz der sämmtlichen Templer-Güter, deren Hauptttheil im Lebusischen gelegen war, übergab den Besitz jedoch in Gemäßheit allgemeiner päpstlicher Verordnungen nach einigen Jahren dem Johanniterorden.

...nung von Ernst Hosang.

So wurden, von 1318 ab, die Hospitaliten die Nachfolger der Tempelherren, und für die Mark wurde das Herrenmeisterthum Sonnenburg eingerichtet, dessen erster Herrenmeister der vorher erwähnte letzte Ordensmeister der Templer Friedrich von Alvensleben gewesen ist. Die Besitzer blieben also dieselben, nur „die Firma" wurde geändert. Der Templerhof wurde ein Johanniterhof. Ja in Tempelhof selbst entstand neben dem alten Hofe, der dem Orte den Namen gegeben hat, und auf welchem die ehemaligen Besitzer ihr „Altentheil" erhielten, ein neuer Hof für die neuen Besitzer, die sich nach St. Johannes nannten, der „Hanneshof" oder der Hahnehof.

Betrachten wir zunächst einmal den alten Hof.

Wenn auch eines festen Schlosses zu Tempelhof in keiner Urkunde gedacht wird, so liegt es doch außer Zweifel — schreibt Dr. Brecht —, daß der Orden den Sitz eines seiner Comthure nicht ohne die damals übliche Befestigung gelassen hat. Und man wird nicht fehlgreifen, das Ordenshaus in der Nähe der noch stehenden uralten Kirche (s. Illustration) zu suchen, und das Terrain, auf dem diese und das jetzige Herrschaftsgebäude stehen, als den „Tempelhof", oder wie er später genannt wird, als den „Comthurhof" anzusehen, weil die ganze Figuration der Gegend, Berg und Wasser, hierfür spricht, weil eben dies die einzige Gegend war, welche fortifikatorische Anlagen des 13. und 14. Jahrhunderts zuließ. Westlich von der Kirche muß das aus Stein erbaute Schloß gestanden haben. Ein vor einigen Jahren dort durch das Einbrechen eines Pferdes entdeckter unterirdischer Gang spricht dafür, daß das jetzige Herrschaftsgebäude theilweis auf dem Fundament des alten Schlosses erbaut wurde. Der eben erwähnte unterirdische Gang, dessen Anfang man bisher nur kennt, soll sich in der Richtung nach der Kirche hinziehen.

Die zu jedem Templerschloß gehörige Vorburg muß, nach Lage des Terrains, der sogen. Hahnehof*) (das jetzige Kreideweiß'sche Grundstück) gewesen sein, von welchem gleichfalls ein unterirdischer Gang, von dem Keller des jetzigen Restaurationsgebäudes bis zur Mitte der Chaussee, ebenfalls in der Richtung nach der Kirche zu, gegenwärtig noch verfolgt werden kann, wie sich Herr Dr. Brecht persönlich überzeugt hat.

Dieser Gang, aus rohen Feldsteinen gemauert, ungefähr 5 Fuß hoch und 4 Fuß breit, sicherte den Vertheidigern der Vor-

*) „Hahnehof?" Woher der Name? Ist's vielleicht eine uralte Reminiscenz an das Idol der ketzerischen Templer, den morgenländischen Baffomet mit dem Hahnenkopf? — fragt Oskar Schwebel — Ich meine, der Hahnehof könnte vielleicht auch als der „Hannehof" oder „Hanneshof" „Hof der Johanniter," oder „St. Johannes-Hof" in der Zeit entstanden und so genannt worden sein, da die letzten Templer unter markgräflichem Schutze auf dem alten Hofe, dem Templerhofe, ihr Leben beschlossen. So daß also der Hahnehof der Hof der neuen Besitzer und der Templerhof derjenige der alten Besitzer wäre.

burg den Rückzug nach der Kirche und muß diese als das Reduit der Befestigung angesehen werden. Daß die Kirche zur Vertheidigung eingerichtet war, dafür sprechen noch heutigen Tags einige, von der Veränderung verschont gebliebene Fenster in Schießscharten-Form.

Die alte Kirche von Tempelhof ist älter als selbst der Feldsteinunterbau des Thurmes zu St. Nicolai in Berlin und ist wohl gegen Ende des zwölften Jahrhunderts gebaut worden. Noch war der Spitzbogenstil nicht in diese Gegenden gekommen. Das Langhaus der Kirche hat 5 Rundbogenfenster auf jeder Seite, im Osten befindet sich eine runde Chornische. Von äußerem Schmuck besitzt die Tempelhofer Kirche gar nichts, man müßte denn den schönen Epheu dahin rechnen, welcher an ihrer Nordseite aus einem mit Dornen und Disteln bewachsenen Grabe aufsteigt. Ihr Thurm ist ein geschmackloser, dürftiger Holzaufsatz nach der Weise des vorigen Jahrhunderts.

Das Innere des Gotteshauses ist flach überbalkt. Ehemals waren die Wände mit Darstellungen aus der heiligen Geschichte bedeckt, aber leider ist fast allen märkischen Kirchen dieser mittelalterliche Schmuck verloren gegangen. Auch die Holzschnitzereien, welche ehemals die Tempelhofer Kirche zierten, sind bis auf wenige Reste verschwunden. Neben der kleinen Orgel werden noch einige Trümmer von Heiligenbildern und alten Altarflügeln aufbewahrt, ein Ritter Georg, eine Jungfrau Maria und anderes mehr.

An die alten Besitzer Tempelhofs erinnern noch die plumpen, alten Glocken, an denen sich neben der Inschrift „hilf my marie“ noch das achtspitzige Kreuz der Johanniter befindet. Ferner schenkte eine Tochter der vorher erwähnten Familie von Scharden, an Stelle der von den Russen geraubten neue Abendmahlsgefäße, die noch vorhanden sind.

Der neuere Umbau der Kirche datirt vom Jahre 1847. Damals wurde auch der alte Taufstein aus der Kirche genommen, der jetzt im Märkischen Museum aufbewahrt wird. —

Das alte, stille Templerdorf, eins der hübschesten Dörfer der Mark, zählt seit langem zu den Lieblingsorten der Berliner.

Schon Friedrich Nicolai erzählt vor 100 Jahren in seiner „Beschreibung von Berlin", daß „die sehr schöne, fünffache Lindenallee mehrere Privatpersonen aus Berlin veranlaßt habe, sich Landhäuser daselbst zu bauen"

Wilibad Alexis in seinem Roman „Ruhe ist die erste Bürgerpflicht" und Theodor Fontane in seiner jüngsten Novelle „Schach von Wuthenow" haben das Leben und Treiben in Tempelhof zu Anfang dieses Jahrhunderts und den Verkehr der Berliner Bevölkerung mit den Tempelhofer Bauern in bester Weise geschildert.

Der Grund und Boden der Tempelhofer nahm in immenser Steigerung an Werth zu, die Tempelhofer Bauern wurden reiche Grundbesitzer und auch die Zahl der Vergnügungslokale mehrte sich von Jahr zu Jahr. Das schöne „Wäldchen" zog die junge Welt von Berlin an, die hier alle die harmlosen Spiele übten, daran sich von altersher unsere Jugend ergötzt, und die dann vor allem bei „Kreideweiß" ein prächtiges Abendbrod einnahmen, bevor sie den Rückweg über das Tempelhofer Feld antraten.

In dieser späteren Zeit ist gleichfalls „Tempelhof" von einem unserer ersten Dichter verherrlicht worden. Karl Gutzkow schildert in seinen „Rittern vom Geiste" den Amtsgarten von Tempelhof, das Wäldchen und das ganze Dorf.

In die fünfziger und sechziger Jahre unseres Säkulums fällt die höchste Blüthezeit des alten Dorfes Tempelhof. Es war die Zeit der „Rennen", zugleich war Berlin Südwest zwischen dem Halleschen Thore und dem Kreuzberg mächtig angebaut, und Tempelhof für die Bewohner dieser Gegend der natürliche Erholungsort geworden.

Mit dem Bau der Südringbahn fällt, nicht ursächlich, sondern rein zufällig, der Niedergang Tempelhofs zusammen. Die Rennen wurden nach Hoppegarten verlegt, und die so vieles in der nächsten Umgebung Berlins zerstört haben, die löblichen Gründer setzten sich auch auf Tempelhof.

Das alte liebe „Templow" wurde, nicht zu seinem Vortheil, „vergründet". Das schöne Wäldchen wurde dem Publikum verschlossen, Neu-Tempelhof im Süden des alten Dorfes aufgebaut, eine große Krankenanstalt, das Garnisonlazareth errichtet; und Tempelhof befindet sich seit dieser Zeit in dem ungemüthlichen Zustande des Uebergangs vom Dorf zur Stadt. Die alte Dorfstraße allein, die Freund Lüders uns zeichnete, und die Kirche erinnern an die ehemalige, leider vergangene hübsche Zeit. —

Neuntes Kapitel.

Das Tempelhofer Feld, die Paraden und die ehemaligen Rennen auf demselben. — Die Tempelhofer Berge. — Die Hasenhaide. — Die Rollberge, Rixdorf und Britz. — Die Köllnischen Wiesen. — Treptow, Stralau und die Oberspree. — Station Stralau-Rummelsburg und Rückfahrt.

Vom Bahnhofe „Tempelhof" läuft die Südringbahn in östlicher Richtung bis Rixdorf, wendet sich dann nach Norden, überschreitet den Bahnkörper der „Berlin-Görlitzer Bahn", dann die Spree, vereint sich auf dem Bahnhofe „Stralau-Rummelsburg" einmal mit der „Stadtbahn" und führt zum andern in die, von uns bereits befahrene, Nordringbahn über.

Auf der ganzen Strecke zwischen den Bahnhöfen „Tempelhof" und Rixdorf" schauen wir linker Hand und nach Norden zu das Berliner Marsfeld, den „Uebungsplatz der Berliner Garnison", das sich eines Weltrufs erfreuende „Tempelhofer Feld". Hiervon sei zunächst Einiges erzählt.

Das „Tempelhofer Feld," die Paraden und die ehemaligen Rennen auf demselben.

Am St. Marien-Magdalenentage, am 22. Juli 1351 war's, da Markgraf Ludwig der Römer — wie dies eine Urkunde erzählt — auf dem Tempelhofer Felde, oder „to velde in dem Dorp to Tempelhove" Frieden mit den Städten Berlin und Cölln schloß. Dreihundert und achtzig Jahre später, anno 1721 wird das Feld zum ersten Male, und von da ab jährlich, zur Revue und zum Manöver benutzt.*)

Das Terrain blieb den Bauern, die es bis zum Juni hin unbestellt ließen, und welche eine jährliche Entschädigung von 1200—2000 Thaler erhielten. Als aber eine bessere Bewirthschaftung eine größere Revenue versprach, da verlangten die Tempelhofer Bauern, daß der Fiskus entweder das Feld ankaufen oder aber größere Entschädigungen zahlen solle. Die Verhandlungen hierüber begannen 1821, zogen sich Jahre lang hin und wurden erst 1839 zum Abschluß gebracht.

Ueber die Art, wie die militairischen Uebungen auf der Tempelhofer Feldmark unter König Friedrich Wilhelm I. abgehalten wurden, theilt Beneckendorf Ausführliches mit.

Danach fanden diese Revuen, welche mit Manövern verbunden waren, im Mai oder Juni statt, und die Besichtigungen währten 14 Tage. Den Beginn machten die Specialmusterungen der einzelnen Regimenter auf dem heutigen Königsplatze, und dieselben wurden mit einer großen Gründlichkeit vollzogen, obgleich die Berliner Garnison schon damals aus 6 Infanterieregimentern zu 10 Compagnien und dem berittenen Regiment der Gensdarmes bestand. Die Griffe wurden bei den Vorstellungen nicht nach Commando's, sondern nach Bewegungen des Regiments-Tambours gemacht, der neben dem Commandeur stand. Die Rekruten, durch Eichenzweige, das alte brandenburgische Feldzeichen an den Hüten kenntlich, wurden besonders vorgestellt. Diese Rekruten waren für die Compagnie-Chefs eine schwere Last, denn ohne schöne Kerls war der König nicht zufrieden zu stellen, und solche Rekruten kosteten viel. Den Special-Revuen folgte die Haupt-Revue auf dem Tempelhofer Felde. Sie nahm beim ersten Morgengrauen ihren Anfang. Um 2 Uhr Morgens stieg der König zu Pferde und ritt nach dem Tempelhofer Felde hinaus, um die Truppen zu erwarten, die er an sich vorüber defiliren ließ. Dann erfolgte das noch heute übliche Front-Abreiten. Anders als heutzutage gestaltete sich jedoch der weitere Verlauf der Besichtigung. Vor

*) Nach Dr. Brecht, Tempelhof, Berlin, 1878.

dem Centrum der Parade-Aufstellung wurden für den König und die Prinzen Feldstühle hingesetzt, von denen aus die Manöver beobachtet wurden.

Die kleinen Prinzen, Kronprinz Friedrich, die Prinzen Wilhelm, Friedrich und Ferdinand erhielten von Pagen, die Schachteln in den Taschen trugen, Butterschnitte, welche sie sich wohl schmecken ließen. Und nach diesem Frühstücke machten die Regimenter ihre Schwenkungen im Retiriren, Avanciren ꝛc.

Das Tempelhofer Feld. Originalzeichnung von H. Lüders.

Vierzig Jahre hindurch war so auf dem Tempelhofer Felde manövrirt worden, als im Jahre 1760 hier eine wirkliche Schlacht stattfand. Die Russen und Oesterreicher erschienen vor Berlin, und der Herzog von Würtembreg trat ihnen hier entgegen.

Und am 28. April 1809 trat Major von Schill, Commandeur des Brandenburgischen (Zietens) Husarenregiments von hier seinen kühnen Zug durch Deutschland an, nachdem er seine Leute mit feuriger Ansprache begeistert und ihre jubelnde Zustimmung gefunden hatte.

Seine Glanzzeit aber hat das Tempelhofer Feld unter Kaiser

Wilhelm erreicht, unter dem hier so viele historische Revuen, u. A. die Drei-Kaiserparade im Jahre 1876 stattgefunden haben, und unter dessen Führung von hier aus die Garden am 16. Juni 1871 ihren siegreichen Einzug in die Reichshauptstadt hielten.

Dreißig Jahre hindurch fanden auf dem „Tempelhofer Feld" auch die Berliner Rennen statt.

Im Jahre 1835 nämlich verlegte der unter Friedrich Wilhelm III. in's Leben gerufene und mit Korporationsrechten ausgestattete „Verein für Pferdezucht und Pferdedressur" seinen Rennplatz von dem Terrain des Rittergutes Lichterfelde nach dem zwischen der Chaussee und der Potsdamer Eisenbahn belegenen Theil des Tempelhofer Feldes, und hielt hier alljährlich im Monat Juni zur Zeit des Wollmarktes seine Rennen ab. Und als durch die Anlage der Anhaltischen Eisenbahn anno 1840 diese Rennbahn sehr beschränkt wurde, erfolgte die Verlegung der letzteren nach dem östlich von der Chaussee gelegenen Theile des Feldes; hier fanden die Wettrennen bis zum Jahre 1867 statt, seit welcher Zeit sie in Hoppegarten abgehalten werden. Der „Verein für Pferdezucht und Pferdedressur" löste sich auf, und fast sämmtliche Mitglieder traten in den „Unions-Club" über, der sich sein prächtiges Clubhaus in der Schadowstraße 9 gebaut hat, und dessen Präsident gegenwärtig der Herzog von Ratibor ist.

Soviel vom „Tempelhofer Felde". Bemerken möchte ich jedoch, daß die Tempelhofer Feldmark, die Gesammt-Gemarkung des alten Tempelhof sich ursprünglich weit über die Berge in das Spreethal hinein erstreckte und einen guten Theil von dem umfaßte, was heute die „Berliner Friedrichsstadt" heißt. Ja selbst das Gebäude des berühmten Kammergerichts in der Lindenstraße, welches Joachim I. seinem Lande zum Heil stiftete, lag auf der Mark des Dorfes, und alte Leute entsinnen sich, daß die Tempelhofer eines Morgens ihr Rindvieh auf den Hof des hohen Gerichts trieben, zum großen Erstaunen der Räthe.

Es war aber nicht arg gemeint, wie böse Zungen in Berlin behauptet haben, es geschah nur, daß sie ihr Hütungsrecht nicht wollten verjähren lassen.

Die Tempelhofer Berge begrenzen nach Berlin zu das „Tempelhofer Feld", die in alter Zeit „die Köllnischen Weinberge" hießen und in noch früherer Zeit dem Ritterorden gehörten, der in Tempelhof seine Commende hatte. Seit 1435, seit dem Austrag der Fehde zwischen Berlin und dem Orden gehörten sie den Städten Berlin und Cölln und gelangten 1448 in dem großen Hochverrathsprozeß in den Besitz des großen Kurfürsten. Die westlich von der alten Straße nach Sachsen belegenen Berge blieben durch drei Jahrhunderte landesherrliches Eigenthum, während die östlich gelegenen bald wieder in den Besitz der Köllner Bürger gelangten.

Einmal haben die Tempelhofer Berge auch „ihre Festungstid" gehabt, einmal wurde hier die Citadelle Berlins geschanzt, und sind die Berge in eine mächtige Festung umgestaltet worden. Professor Holtze erzählt darüber in seinem Werkchen über die „Geschichte der Befestigung Berlins Folgendes: Zur Geschichte der Befestigung gehört auch dasjenige, was 1813, im Ernst und im Aufschwung der Erhebung, vom Landsturm vor den Thoren der Stadt geschanzt wurde.

Man hatte den Feind von Südwesten zu erwarten; so suchte man nur die Köllnische Seite zu decken. Den ganzen Schafgraben entlang, wie er damals die Stadt im Süden umfloß, wurden 16 Feldschanzen aufgeworfen. Davon lagen vier auf dem linken Ufer und zwar zwei größere Werke am Rixdorfer Damme und an der Thiergartenmühle, zwei kleinere als Brückenköpfe an der großen Landstraße nach Köpenick und an der Hirschelbrücke. Die anderen zwölf waren einfache Erdaufwürfe, diesseits des Grabens, meist an den vorspringenden Winkeln des Wasserlaufs gelegen.

Geschlossene Werke von ansehnlicherem Umfange waren vorgeschoben: „in den Sandschellen", die an der Stelle lagen, wo die Berlin-Potsdamer Eisenbahn die Lützowstraße schneidet (und die noch vor einigen 20 Jahren im Volksmunde in den Schanzbergen hießen) — ein großes auf dem Wein-Berge, dem Kreuzberge gegenüber, dort, wo jetzt die Bockbrauerei sich befindet, genannt die Lärmkanonen-Schanze (weil die Anhöhe hinter dem „dustern Keller" im 18. Jahrhundert der Alarmkanonenberg hieß, da hier eins der Geschütze stand, mit welchem jedesmal, sobald eine Desertion bekannt geworden war, den Bauernschaften der Umgegend das Signal zur Verfolgung des Flüchtlings gegeben wurde). Die kleinste von allen „die Hasenhaidenschanze" hinter dem alten Turnplatze, südwestlich vom Karlsgarten; — die letzte in den Rollbergen.

Ueberflüssig gemacht durch die Tage von Großbeeren und Dennewitz, verschwanden auch diese Verschanzungen bald vom Erdboden.

Es ließe sich noch vielerlei von den Tempelhofer Bergen erzählen, vom „dustern Keller" und von den großen Brauereien, und auch eine alte Geschichte aus dem Jahre 1525, da Kurfürst Joachim I. mit seiner Familie und seinem ganzen Hofgesinde auf die höchste Spitze des Tempelhof'schen Berges flüchtete. Dies Alles kann hier nur kurz erwähnt weaden.

Es war also am 15. Juli 1525, als der Brandenburgische Kurfürst, der heftigste Widersacher Luthers am frühen Morgen mit all seiner Habe vom Schlosse in Cölln an der Spree flüchtete, da ihm sein Sterndeuter den Untergang der Residenzstädte prophezeit hatte. Man lagerte auf dem damals noch viel höheren Berge, auf dem jetzt das Tivoli-Etablissement steht und glaubte sich auf der Höhe gesichert. Aber man harrte in Spannung der schrecklichen Ereignisse, die über Berlin und Cölln so folgenschwer hereinbrechen mußten. Als jedoch bis Mittag nicht das Geringste sich zugetragen hatte, was zu Befürchtungen Veranlassung hätte geben können, da versuchte die fromme Kurfürstin, die später von ihrem Gemahl floh, denselben zur Rückkehr nach dem Schlosse zu bewegen. Nach vielen Einreden gab endlich der Kurfürst am Abend der Befehl zur Heimkehr, während welcher sich jedoch ein heftiges Gewitter entlud, das den gesammten Hof in die allergrößte Gefahr brachte. Denn als der Kurfürst in das Schloß einfuhr, traf ein Blitzstrahl den Kutscher des Kurfürstlichen Wagens und tödtete ihn sammt den vier Pferden auf der Stelle. „Die Frauenzimmer fielen in Unmacht" -- so meldet der Chronist —

„und als man die Thüren aufriß, mußte man selbige hinaustragen, auch der Herr Kurfürst war unmächtig geworden, sunsten aber hat das Wetter keinen Schaden gethan." —

Auf derselben Stelle des Berges, auf der Kurfürst Joachim I. gelagert, und an welcher 1813 die „Citadelle von Berlin" errichtet war, wurde am 19. September 1818 in Gegenwart des Kaisers Alexander von Rußland der Grundstein zu dem bekannten „Kreuzberg=Denkmal" gelegt, das vor wenigen Jahren den ebenso mächtigen wie unschönen Unterbau erhielt. Diese vom Oberbaurath Schinkel entworfene, fast 2300 Centner schwere gothische Spitzsäule taufte auch diesen Theil des Berges selber um, der seit eben dieser Zeit der „Kreuzberg" heißt.

Daneben liegt das Brauereietablissement „Tivoli".

Es war dies ein in den dreißiger Jahren dieses Säkulums von den Gebrüdern Gericke errichtetes Vergnügungsetablissement, das lange Zeit hindurch zu den sehenswürdigsten und besuchtesten Lokalen Berlins zählte. „Es währt aber kein Mai sieben Monate", heißt ein altes Sprüchwort; nach und nach erlosch das Interesse sowohl an den dort veranstalteten Konzerten und Feuerwerken wie an der berühmten Tivoli=Rutschbahn, das Lokal verkrachte und ist 1839 subhastirt worden. Seit 1857 wurde an derselben Stelle und unter dem alten Namen eine „Berliner Brauereigesellschaft" in's Leben gerufen, welche eine Weile hindurch das beste Bairische Bier Berlins verschänkte — doch long, long ago. —

Auf der anderen, östlichen Bergseite der großen von Berlin kommenden Straße, liegt das große „Bockbierbrauereietablissement", befindet sich noch heute der berühmte „Berliner Bock".

Es war im Jahre 1827, als ein nach Berlin gekommener Württemberger, Namens Georg Leonhard Hopf, der längere Zeit als Küfer in der bekannten Habelschen Weinhandlung fungirt hatte, in dem neben dem Kriegsministerium gelegenen Hause Leipzigerstraße Nr. 6 den Versuch machte, hier Bier auf „baierische Art" zu brauen. Ein Waschhaus wurde mit einem Kessel versehen, das Nöthige beschafft und gleich der erste Versuch fiel zur Zufriedenheit aus. Das Bier war jedoch noch obergährig, konnte deshalb nur, auf Flaschen gefüllt, in einem engeren Kreise Verwendung finden. Jedoch war es das erste in Berlin auf „baierische Art“ gebraute Bier und schmeckte wie das noch heute gern getrunkene „Potsdamer Stangenbier“. Drei Jahre später, Anno 1830, gelang es demselben Brauer, einen Geldmann zu finden und seine Waschhaus-Versuche im Großen in verbesserter Weise zu wiederholen. Er erwarb in der Friedrichstraße Nr. 126 eine alte Braunbierbrauerei und braute in diesen Räumen das erste „baierische Bier“. Dasselbe fand einen solchen Absatz, daß Hopf bald danach das bekannte Grundstück auf dem Tempelhofer Berge erwerben und hier die großen Einrichtungen in's Leben rufen konnte, welche seinem Fabrikate einen weit über Berlin hinausgehenden Ruf verschafften. Im Jahre 1840 ist hier auch das erste „Bockbier“ gebraut worden, welches schnell so beliebt wurde, daß das ganze Hopf'sche Etablissement danach den Namen „der Bock“ erhielt. Der erste Brauer bairischen Bieres in Berlin starb am 30. April 1844. Seine Wittwe und die Söhne derselben aus erster Ehe, die Gebrüder Deibel, erbten das Etablissement und erweiterten dasselbe, bis sie es im Jahre 1861 an den Hotelbesitzer Ehrenreich veräußerten, von dem es 1871 in die Hände der „Berliner Bockbierbrauerei-Aktiengesellschaft“ gelangte. —

Am Fuße dieses Berges, nach Berlin zu gelegen, befand sich ehedem der „dustere Keller“.

Ursprünglich ein Aufbewahrungsort für den in den Bergen gewonnenen Wein, wurde er nach dem Eingang des Weinbaues im Sommer zur Aufbewahrung des Wildes benutzt, welches bei den häufigen Jagden der Landesherren in dieser Gegend erlegt wurde. Nachdem auch diese Verwendung des Kellers aufgehört hatte, zerfiel derselbe und soll Anfangs 1720 einem Einsiedler, einem früheren Hofbeamten, der sich darin eine Höhle eingerichtet hatte, zum Aufenthalt gedient haben.

Brecht erzählt, daß König Friedrich Wilhelm I. von diesem seltsamen Manne gehört und ihn eines Tages aufgesucht habe. „Ich habe Deinen Namen vergessen, Alter!“ rief ihm der König zu. „Ich heiße Sartorius.“ „Heißt das nicht Schuster auf deutsch?“ „Nein, es heißt Schneider.“ „Aber warum wählst

Du eine so wunderliche Lebensart, Du mußt eine besondere Religion haben?" „Laß er mich nur," gab Sartorius, der Jedermann Er nannte, zur Antwort, „bei meiner Lebensart, ich werde dadurch bei Niemandem Anstoß geben; und übrigens bin ich ein guter reformirter Christ." „Aber mit Deinem Glauben scheint es mir doch nicht richtig zu sein." „Ei" — sagte der Alte — „ich glaube noch immer dasselbe, was ich glaubte, als ich Seinem Großvater, dem großen Kurfürsten, die Psalmen vorlas." „Dann habe ich allen Respekt vor Deinem Glauben, hier hast Du einen Gulden." „Das Geldstück ist zu groß für mich," sagte der Klausner und zog sich in seine Höhle zurück.

Der Name „Dusterer Keller" übertrug sich auch auf die an der Straße gelegene Gastwirthschaft, welche sich schon seit Ende des vorigen Jahrhunderts durch ihr vorzügliches Weißbier auszeichnete und selbst Mirabeau als Gast gesehen haben soll. Noch in den letzten Dezennien florirte das Lokal unter seinem Besitzer Körting, bis hier das Bairische Bier der benachbarten Brauereien dem Etablissement nach und nach ein Ende bereitete. —

Die Hasenhaide.

An die Tempelhofschen Berge schließen sich nach Osten die „Rollberge an und in diesen die „Hasenhaide", welche seit 1678 diesen Namen führt, und zwar seit der Zeit, da durch den Oberjägermeister von Lüderitz auf kurfürstlichen Befehl hier ein „Hasengehege" oder „ein Hasengarten" errichtet wurde.

Ursprünglich gehörte auch das Terrain der Hasenhaide zu Tempelhof, und die dortigen Besitzer besaßen das Hütungsrecht in der Haide und durften Holz schlagen. Die kurfürstliche Anlage eines „Hasengartens" war daher ein eigenthümlicher Eingriff in fremdes Recht. Später wurde das letztere ganz und gar umgekehrt.

Der Soldatenkönig nämlich verbot den Tempelhofern die Ausübung ihrer alten Rechte, weil sein Hasengehege durch die Hütung und das Holzfällen geschädigt würde, und dekretirte kurz, als der Gutsherr von Tempelhof, Herr von Scharden, sich derowegen beschwerte:

„Soll Haasen Garten Bleiben
Friedrich Wilhelm.“

Die Tempelhofer aber kehrten sich nicht an dieses Despoten-Dekret, sie dachten:

„Der ist eines Ding's nicht werth,
Der nicht ein Herz hat, daß er's begehrt.“

Und hüteten ihr Vieh und schlugen Holz nach wie vor und wurden von den „Hasenhegern“ des Königs mehrere Male gepfändet. Sie aber, wie ihre Kinder und Kindeskinder blieben auf ihrem Rechte bestehen, bis der Staat sich anno 1840 bequemen mußte, die Tempelhofer Rechte abzulösen. Der betreffende Receß, durch welchen die Tempelhofer mit Land abgefunden wurden, kam jedoch erst am 21. November 1851, das ist 136 Jahre nach Beginn des Streits, zu Stande. —

Heute ist der unbebaute Theil der Hasenhaide ein großer Militairschießplatz und der bebaute Theil die berühmteste Stätte des Berliner Volksvergnügens, der „Berliner Prater.“ Es befindet sich hier ferner der Turnplatz des Turnvaters Jahn, dem man auch in der Hasenhaide — freilich nicht auf seinem alten Turnplatze — ein Denkmal errichtete, ferner zwei, resp. drei Kirchhöfe, der „Dennewitz-Kirchhof“ und der „Türkische Kirchhof“. Ueber all dies ein paar Worte.

Zunächst etwas über die bebaute nördliche Seite der Hasenhaide, über das große „Vergnügungscentrum,“ für welches die großen Brauereien, die Happoldt'sche, die Unions- und die Bergschloßbrauerei den Kern bilden und den Stoff liefern.

Wenn hier an einem warmen Sommernachmittage ein halbes Dutzend großer Militair-Conzerte exekutirt wird, daneben aus jedem der zahllosen kleineren Lokale weitere Musik erschallt und die großen Drehorgeln mit Pauken- und Beckenschlag in den Karoussels zu toben beginnen; und wenn dazwischen die Militairschießplätze durch lustiges Knallen für die Belebung des Ganzen in ihrer Art sorgen, und der Lärm von vielen tausend angeheiterten Menschenkindern noch überdies den Grundton summt, dann wird das schöne Wort von Wilhelm Busch wahr, das da lautet:

„Musik wird oft nicht schön gefunden,
Weil sie stets mit Geräusch verbunden.“

Und naht dann der Abend, und bringt ein viertel Dutzend von Illuminationen und ein noch nie dagewesenes „Brillant-Feuerwerk“ das ganze Gesumme und Gesurr in vortheihafte Beleuchtung, dann erscheint ein so interessantes Bild des Berliner Volkslebens, wie es in dieser Buntheit nirgends anders existirt. Da wird getanzt, geritten, Karoussel gefahren, gewürfelt, gerutscht, geschossen, geschaukelt und getrunken. Die „ganze Hasenhaide“ lebt und webt dann, die Pärchen finden sich und

„viel Kurzweil treibt man anderweitig,
Sowohl allein, wie gegenseitig.“

Einem Provinzialen kann bei diesem Getriebe ängstlich werden, nnd nur der geborene Berliner fühlt sich hier ganz wohl. Dabei stammt das ganze bunte Getreibe aus verhältnißmäßig kurzer Zeit. Noch vor fünfzehn Jahren war „die Hasenhaide“ ein harmloser Vergnügungsort für Soldaten und Dienstmädchen, und bis zum Jahre 1764 wohnte kein Mensch dort.

Das erste, später zur Gastwirthschaft umgewandelte Haus wurde damals auf dem Grundstücke errichtet, das jetzt die Nummern 1, 1a und 1b führt. Es gehörte dem Ziegelmeister Braun und blieb Jahrzehnte hindurch, bis 1804 etwa, mutterseelen allein. Seit dieser Zeit entstanden nach und nach die weiteren Grundstücke und zwar auf fiskalischem Waldboden. Die Ansiedler mußten den alten Baumbestand erst ausroden. —

Auf der südlichen, bis dahin — und hoffentlich für immer — unbebauten Seite, liegt der Jahn'sche Turnplatz.

Friedrich Ludwig Jahn war, 31 Jahre alt, anno 1809 nach Berlin gekommen, um hier eine Stellung als Lehrer zu bekommen. Er fand sie in der bekannten Plamann'schen Anstalt, wo er auch seinen treuen Gefährten Friedrich Friesen kennen lernte, und ging später an das Gymnasium zum grauen Kloster.

Stralau und die Oberſ

lzeichnung von H. Lüders.

Im Frühling des Jahres 1811 eröffnete er den ersten „Turnplatz" und zwar in der Hasenhaide. Das Wort „Turnplatz" hatte er selbst erfunden; bald wurde es ein in ganz Deutschland allgemein gebrauchtes Wort. Die Schüler des grauen Klosters waren die ersten Turner, bald kamen die des Friedrich-Werder'schen Gymnasiums dazu. Als der höchste Lohn für die Turner aber galt es, wenn Jahn mit ihnen eine Turnfahrt unternahm. Dann ging's fröhlich hinaus in's Märkische Land unter Singen und Spielen, immer froh, immer frisch und freudig.

Der Kriegsminister von Boyen und der alte Held Blücher — so erzählt Streckfuß — besuchten oft und gern den Turnplatz. Besonders liebte es Blücher, sich mit den lebensfrischen Jünglingen freundlich zu unterhalten, die er dann ermahnte, fleißig zu turnen. „Wenn sie dies bis zu ihrem vierundzwanzigsten Jahre gethan hätten" — meinte der General — „dann könne er ihnen ein gesundes und fröhliches Alter und die schönsten und besten Weiber versprechen."

Bekannt ist, wie anno 1819 sämmtliche Preußische Turnplätze geschlossen wurden. Aus dem Jahn'schen Turnplatz wurde der „Schießplatz der Gardeschützen". Seit dem 10. August 1872 ist das zehn Fuß hohe Bronzestandbild Jahns — vom Bildhauer Erdmann Encke, dem Schöpfer des Louisendenkmals modellirt — auf dem nördlich vom alten Jahn'schen Turnplatz gelegenen Hasenhaidenturnplatz errichtet. Es steht auf einem Unterbau von Steinen, welche die Turner aller Erdtheile zu diesem Zwecke einsandten. —

In einen Schießplatz wurde, wie eben erwähnt, der Jahn'sche Turnplatz verwandelt, die ersten Schießstände jedoch sind bereits anno 1810 hier angelegt worden, und diese Uebungsplätze unserer Truppen haben die Begründung der großen Vergnügungsstadt veranlaßt. Aus „fliegenden" Marketender-Ständen wurden kleine Verkaufsbuden, aus den Buden Häuser, und aus diesen die großen Etablissements. Der alte Jahn'sche Turnplatz heißt heute „Carlsgarten", nach dem verstorbenen Prinzen Carl so genannt, und ist trefflich geschmückt. Auf dem in der nordöstlichen Ecke dieses

Schieß=Platzes befindlichen Hügel soll — der Tradition zufolge — der Major von Schill mit seinen Officieren bei nächtlichen Zusammenkünften den Gewaltstreich gegen Napoleon berathen haben. Und an der östlichen Seite des Carlsgartens befindet sich der mit einer Eiche bepflanzte und von einem Gitter umgebene Friesenhügel.

Die weiteren Schießstände sind im Laufe der letzten Jahrzehnte angelegt worden, und es befinden sich im Ganzen 21 in der Hasenhaide. Um ihre Verschönerung hat sich Oberstlieutenant von Lentz besonders verdient gemacht. Gegenwärtig wird eine Zurücklegung der Schießstände um etwa 53 Meter von der Straße zur Ausführung gebracht. Der Militairfiskus will das hier gewonnene Terrain zu Baustellen verkaufen, was nicht zum Vortheil der Entwickelung Berlins wäre. Die Stadt Berlin handelt um diesen Streifen und beabsichtigt, hier eine schöne Promenade zu schaffen, welche in der Weise des „Wiener Praters" angelegt werden soll.

Und nun noch etwas über die Kirchhöfe der Hasenhaide.

Am äußersten Südende befindet sich mitsammt dem Garnisonkirchhof der „Dennewitzkirchhof", und zwar seit dem August 1813. Es waren 2382 Männer, welche mit ihrem Blute die Liebe zum Vaterlande in den Schlachten von Großbeeren, Dennewitz und Hagelsberg besiegelt hatten und hier ihre letzte Ruhestätte fanden. Früher veranstaltete der Friedhof=Verein alljährlich am Schlachttage von Dennewitz hier eine Gedächtnißfeier; seit 1863 jedoch ist dies nicht mehr geschehen.

Am 5. Oktober 1861 wurde dicht neben dem „Dennewitzkirchhof", der neue „Garnisonkirchhof", eingerichtet. Und ganz in der Nähe, ein wenig nördlicher vom Wege liegt auch der „Türkische Friedhof", der Eigenthum der Ottomanischen Pforte ist. .

In der Bodensenkung, welche zwischen den Höhen bei Britz und den Rollbergen liegt, zwängt sich die Südringbahn hindurch und beschreitet dann das große Wiesenterrain, das ehemalige

Flußbett der Oder, bis zur Bahnhofsanlage von Treptow, und weiter, über die Spree fort, bis zur Station Stralau-Rummelsburg. Die Oder war es bekanntlich, welche in vorhistorischen Zeiten im heutigen Laufe der Spree und Havel ihre Wasser in die Nordsee wälzte.

Am südlichen und östlichen Abhang der Rollberge und zum Theil auf den Höhen derselben liegt das alte deutsche Dorf Rixdorf, das ehedem Richardsdorp hieß. Nikolai schrieb vor 100 Jahren: „Vor dem Kottbusser Thore gehet auch eine Zugbrücke über den Landwehrgraben, jenseit welcher der Ryksdorfer Damm angeht. Er ist gepflastert und mit Weiden bepflanzt, das Gebüsch aber zu beiden Seiten heißt der „Comthurbusch". Am Ende desselben liegt der „Rollkrug", ein Wirthshaus, das seinen Namen von den „Rollbergen" erhalten hat."

Der „Rollkrug" besteht noch heute. Woher die „Rollberge" aber ihren Namen erhielten, ob vielleicht von dem alten Wendendorfe, das hier von den Templern zerstört wurde, das weiß ich nicht. Ueber den eben erwähnten „Rixdorfer Damm" lief die alte Sächsische Heerstraße, die beim Rollkruge linker Hand nach Köpenick und Königswusterhausen abzweigte.

Die Tempelherren waren es, die „Diener der Miliz Christi", welche dem Kreuze im Lande Teltow zum Siege verhalfen und das alte wendische Dorf, das an der Stelle des heutigen Rixdorf lag, zerstörten. Nicht einmal der Name hat sich von dem alten Dorfe erhalten, wenn eben nicht, wie schon oben bemerkt, die „Rollberge" nach dem alten Dorfe benannt sind. Nur „ein Hof" blieb übrig oder wurde „auf der alten Dorfstelle" angelegt. Diesen Hof, der bereits „Richardsdorp" genannt wurde, erweiterten im Jahre 1360 der Meister der Johanniter, Herr Hermann von Werberge, und der Comthur zu Tempelhof, Bruder Dietrich von Sastro (Zastrow) nach dem Rathe eines frommen Mannes, des Priesters Jacobus von Datz in ein deutsches Dorf, das heutige „Deutsch-Rixdorf". Anno 1435 verkauften die Ritter das Dorf mitsamt der gutsherrlichen Haide und dem großen Bruche, welche zwischen Rixdorf und Treptow liegen, an die Städte Cölln und Berlin. Diese

Haide hieß darum lange Zeit hindurch die „Zwiestädter Haide“ und die aus dem inzwischen regulirten Bruch entstandenen Wiesen heißen heute noch die „Cöllnischen Wiesen“. Böhmisch-Rixdorf entstand 1737 aus dem alten Lehnschulzengute, dessen Besitz vom Soldatenkönig an 18 böhmische Kolonisten vertheilt wurde.

Ein eigener Lauf der Dinge. Das „Lehnschulzengut“ ist der „alte Hof“, der wiederum an der Stelle des alten Wendendorfes lag, oder der allein von dem slavischen Dorfe übrig blieb, als Christliche Ritter hier die Heiden vernichteten. Und siebenhundert Jahre später wurden auf der alten slavischen Dorfstelle ihres Glaubens wegen vertriebene Slaven aus Böhmen angesiedelt.

Dorf Britz (mit der Illustration Seite 168 u. 169).

Südlich von der Ringbahn liegt Dorf Britz. Der Weg von Rixdorf nach Britz führt über die Bahn, welche an dieser Stelle einen eigenthümlichen, genial gebauten „Uebergang“ erhalten, mit dem sich der talentirte Erbauer selbst sein geeignetstes Denkmal errichtet hat, und das darum den Namen „der Galgen“ führt. Die Rixdorfer verlangten beim Bau der Südringbahn einen Uebergang, natürlich für Pferde und Wagen, die Bahnbauleitung aber liebte das Unnatürliche, oder vergaß wohl gar den ganzen Uebergang, und errichtete eine mächtige Treppenbrücke von geradezu genialer Konstruktion, den eben erwähnten „Rixdorfer Galgen“.

An einem hübschen Restaurationsgebäude vorüber und auf hochgelegenem Wege, von dem wir einen prächtigen Blick bis zu den „Müggelsbergen“ haben, wandern wir nach Britz. Zwischen dieser Straße und derjenigen, die nach Rudow führt, liegt eine neue Vorstadt von Rixdorf, welche den Scherznamen „Cayenne“ erhalten hat.

Britz ist eins der wenigen Dörfer, welche Jahrhunderte hindurch und bis zur neueren Zeit von den Nachkommen der ursprünglichen Besitzer, den von Britzke behauptet wurde. Diese Familie veräußerte den prächtigen Herrensitz nach fast 500jährigem Besitz anno 1699 an den Kammerpräsidenten von Chwaldowsky, der es an den Hofmarschall von Erlach vererbte. Von diesem kaufte es 1713 Graf Friedrich Wilhelm von Schwerin, und als es dieser im Jahre 1719 an den Staatsminister Ilgen verkaufte, erklärte es der König zu einem Allodialgute. Die spätern Besitzer sind die Tochter Ilgen's, Frau Minister von Knipphausen, der Graf von Herzberg, Baron Eckardtstein, Jouanne und gegenwärtig Herr Fabrikbesitzer Wrede.

Noch heute erinnert in dem herrlichen Britzer Park eine Akazie an den ehemaligen Besitzer des Ritterguts, an den Staatsminister von Ilgen, der zu denjenigen berühmten und nobilitirten Männern Preußens zählt, welche wie Derfflinger, Meinders, Dankelmann, Fuchs, Diestelmeier, Blaspiel, Cocceji ꝛc. aus dem bürgerlichen Stande hervorgegangen, die höchsten Stellungen im Staate erhielten, ganz wesentlich zum Aufblühen Preußens beitrugen, und deren Stamm — ein ganz eigenthümliches Vorkommniß — in ihren Personen wieder erlosch.

Die Britzer Akazie wurde dem Minister von Ilgen in einem Blumentopfe als damalige höchste Rarität vom Könige Friedrich I. geschenkt und ist etwa 1712 von dem Britzer Gutssitzer in seinem Parke angepflanzt worden. Die Akazie ist heute 170 Jahre alt und grünt und blüht wie vor alter Zeit.

Ilgen war ein geborener Westphale, ehemaliger Sekretair von Franz Meinders und für seine Zeit „das klügste Haupt in Preußen". Er lenkte in der gefährlichen Periode nach dem Utrechter Frieden mit höchster Geistesgegenwart, weitester Umsicht und bewußter Energie das kleine preußische Königsschiff als Minister des Auswärtigen. Er war ganz der geeignete Steuermann, wie ihn die angehende Weltmacht Preußen bedurfte. „Die Leute in Berlin" — schrieb damals der später so unglückliche Patkul an seinen Herrn, den Czaren Peter, — „die Berliner sind von des Thomas Art, die nichts glauben, als was sie sehen." Ilgen war der empfindlichste Gegner Grumbkow's, das Haupt der englischen Partei und damit ein Feind Oesterreichs. Er war im höchsten Grade verläßlich, treu und unbestechlich. Er starb 1728, und mit seinem Tode erlosch sein Geschlecht in der männlichen Linie. Von seinen zwei Töchtern war die ältere an den Grafen

Erdmann Pückler verheirathet, den Urgroßvater des bekannten Fürsten Pückler-Muskau; und die Jüngere an den Baron von Knipphausen. Der letztere war nach Ilgen's Tode gleichfalls Staatsminister und fiel 1730 in Ungnade, weil der König ihn wegen der Flucht des Kronprinzen im Verdacht der Mitwissenschaft hatte. Er zog sich nach Britz zurück und erscheint noch 1733 als „Direktor der französischen Kolonie." —

Wie oben schon erwähnt, gehörte Britz von 1763 an einem anderen Staatsmanne Preußens, dem „ersten Friedensgeneral" Friedrichs des Großen, dem später gegraften Ewald Friedrich von Herzberg.

Der Premierminister und Minister des Auswärtigen Friedrichs wurde 1725 zu Lottin in Hinterpommern geboren, studirte in Halle und trat frühzeitig in des Königs Dienst. Als dieser anno 1756 in den Besitz der „geheimen Korrespondenz des Dresdener Kabinets mit dem Oesterreichischen Hofe" gelangt war, beschied er Herzberg in der Stille nach Sanssouci und übertrug ihm die Ausführung des „mémoire raisonné" oder „die Ursachen, welche S. K. Majestät in Preußen bewogen haben, sich wider die Absichten des Wienerischen Hofes zu setzen und deren Ausführungen zuvorzukommen". Des Königs Zufriedenheit mit jener Denkschrift dokumentirte sich in der Ernennung Herzbergs zum ersten Geheimen Rathe im auswärtigen Ministerium mit einem Gehalt von 4000 Thalern. Ich übergehe die Thaten des jungen Diplomaten während des siebenjährigen Krieges. Als dieser beendet, mußte Herzberg auch den Hubertsburger Frieden abschließen. „Ich bin Euch sehr obligirt, mein lieber Herzberg!" redete Friedrich ihn bei Ueberreichung des Friedensdokumentes an — „Ihr habt einen guten Frieden gemacht, fast so, wie ich den Krieg geführt: Einer gegen Drei."

Noch unterm 5. April desselben Jahres zum zweiten Staats- und Kabinetsminister mit 7000 Thalern Gehalt ernannt, fügte Friedrich dieser Rangerhöhung ein ansehnliches Geldgeschenk zu. Von dieser Dotation kaufte Herzberg das Rittergut Britz und ließ sich hier ein Schloß zum Sommerwohnsitz erbauen.

Bei der ersten Theilung Polens kam durch Herzbergs Bemühungen Westpreußen in unsern Besitz, wofür Friedrich seinen

Minister zum Geheimen Kabinetsminister mit 10000 Thalern Gehalt ernannte. Aus Anlaß des Teschener Friedens (1779) wurde Herzberg zum Freiherrn gemacht und ihm der Schwarze Adlerorden verliehen; später 1785 ernannte ihn Friedrich zum Premier-Minister. Der Britzer Gutsherr zählte zu den wenigen Getreuen Friedrichs, welche in den letzten Wochen des großen Mannes zu dessen Umgebung gehörten. Bis zum letzten Athemzuge verweilte des Königs Minister in Sanssouci, dann überbrachte er dem Thronfolger die Todeskunde und wurde von demselben in den Grafenstand erhoben.

Anno 1790 zog er sich in den Ruhestand nach Britz zurück und starb hier am 27. Mai 1795. Er hatte Britz durch Rode künstlerisch ausschmücken lassen und es auch landwirthschaftlich und gärtnerisch in der besten Weise vervollkommnet. Zeitgenossen, wie Büsching in seiner „Reise nach Rekahne", wie ferner Nikolai rühmen die Britzer Seidenzucht, an die übrigens noch heute die beim Buschkruge gelegene Maulbeerplantage gemahnt.

Der Name Britz, das sei noch erwähnt, soll vom wendischen Brisa (die Birke) herstammen. —

Treptow, Stralau und die Oberspree

(mit der Illustration Seite 184/85.)

Treptow ist ein alter Berliner Kämmereibesitz und seit 200 Jahren ein Vergnügungsort der Berliner. Von Alters her hieß die Gegend „der Trepkow", war von einem Förster bewohnt, dann zu einem Ackerwerke mit Gastwirthschaft eingerichtet und ist später mit Kolonisten besetzt worden. Treptow ist zu Stralau eingepfarrt.

Stralau, ein uralter wendischer Edelsitz, ist älter wie Berlin. Anno 1244 befand sich ein Ritter von Stralow im Gefolge der Markgrafen Johann und Otto zu Spandau und ein Ritter Rudolf von Stralow verkaufte anno 1261 der Stadt Cölln eine Haide.

Die Stralauer Kirche, eine Zierde der ganzen Oberspreegegend, wurde 1464 errichtet und ist anno 1822 von Schinkel neuerbaut.

Hier ist das Lokal des berühmten „Stralauer Fischzuges“, hier zwischen Stralau, Treptow und den weiteren Strecken der Oberspree finden die bekannten Regatten und Corsofahrten statt, tummeln sich im Sommer hundert von Dampfern, Booten und Kähnen. In den Regatten führen die Wasserleute mit Segel und Ruder vor, was sie können, und in den Corso's zeigen sie ihren Humor.

Hier an der Oberspree liegen im weiteren die verschiedenen Vergnügungsetablissements, nach denen wir von Treptow aus eine Dampferfahrt machen können, hier liegen „Ostend“, „Sadowa“ und auch die beiden „Eierhäuser“, früher die Capuletti und Montecchi der Oberspree, nun durch Heirathen ihrer Besitzer „stark befreundet“. Ein altes Lokal nur, der „Quappenkrug“ ist verschwunden, der ehedem an der Stelle des heutigen „Wilhelminenhof“ lag.

Wir sagen Ade der am Horizont im blauen Dufte liegenden Köpnicker Haide, in der einst ritterliche Schnapphähne dem Kurfürsten Joachim I. auflauerten; Ade der „Wuhlhaide“ und der „Cöllnischen Forst“.

Wir nehmen Abschied von Wald und Wasser und der unter uns rauschenden, hier noch so reinlichen Spree:

Leb' wohl, du lieber, du murmelnder Strom,
Leb wohl, sternprangender Himmelsdom!
Ihr Wiesen, auf denen der Nebel braut,
Ihr Bäume, von denen es leise thaut,
Lebt wohl! Ade!
Leb wohl, du mein liebes Land an der Spree!

Wir erreichen den hochgelegenen Centralbahnhof „Stralau-Rummelsburg“, durchschneiden mit der Stadtbahn die Residenz und landen an unserem Westbahnhofe, dem Endziele unserer Reise.